IMPOSTOS

PORQUÊ E PARA QUÊ?

IMPOSTOS
PORQUÊ E PARA QUÊ?
AUTORES
PAULO MARQUES
JOAQUIM MIRANDA SARMENTO
EDITOR
EDIÇÕES ALMEDINA, S.A.
Avenida Emídio Navarro, 81, 3D
3000-151 Coimbra
Tel.: 239 851 904 · Fax: 239 851 901
www.almedina.net · editora@almedina.net
DESIGN DE CAPA
EDIÇÕES ALMEDINA, S.A.
PRÉ-IMPRESSÃO
João Jegundo
IMPRESSÃO E ACABAMENTO

Agosto, 2022
DEPÓSITO LEGAL

ALMEDINA | GRUPO**ALMEDINA**

BIBLIOTECA NACIONAL DE PORTUGAL – CATALOGAÇÃO NA PUBLICAÇÃO

Paulo Marques, e outro

Impostos : porquê e para quê? / Paulo Marques, Joaquim Miranda Sarmento. – 1ª ed. – (Cadernos do IDEFF)
ISBN 978-989-40-0729-6
I – SARMENTO, Joaquim Miranda, 1978-

CDU 336

PAULO MARQUES
Docente Convidado na Faculdade de Direito de Lisboa
Investigador do CIDEEFF (FDUL)

JOAQUIM MIRANDA SARMENTO
Professor Auxiliar com Agregação no ISEG – Lisbon School of Economics and Management da Universidade de Lisboa

IMPOSTOS
PORQUÊ E PARA QUÊ?

Prefácio:
Dr. Paulo Moita de Macedo

ALMEDINA

À Madalena, Catarina, Alexandra e à memória dos meus Pais.
(Joaquim Miranda Sarmento)

Aos meus Familiares e aos meus Amigos pelo muito
que significam na minha vida. (Paulo Marques)

PREFÁCIO

"Impostos: porquê e para quê?" é uma dúvida que nos assalta a todos, mesmo os que, por dever de ofício ou por acaso do destino, já estudaram o tema e dele têm um conhecimento mais profundo do que o do cidadão médio.

E é assim porque, embora saibamos que a ausência de sinalagma é uma das características fundamentais dos impostos, dificilmente conseguimos, fora do âmbito de uma análise estritamente técnica, abstrair-nos da ideia de que um pagamento há de ter um benefício correspetivo concreto: pagamos *x* porque recebemos *y*, *y* este que, sendo frequentemente difícil de valorar, é relevante na nossa vida. São os cuidados de saúde tendencialmente gratuitos que todos exigem, é a segurança a que julgamos ter direito, é a educação gratuita até um nível mínimo (e sempre crescente) e muito "subsidiada" a partir desse nível, são os subsídios e apoios sociais a que consideramos que os nossos concidadãos com mais dificuldades têm direito, é um sistema judicial de que nenhum estado de direito pode prescindir, etc., etc.

Não é também estranho àquele sentimento o facto de nem sempre ser linear para o cidadão médio porque é que o facto gerador do imposto é aquele e não outro e porque é que a medida da capacidade contributiva é aquela e não outra. É que se, por exemplo, a obtenção de rendimento não suscita dúvidas de maior como facto gerador de imposto e o montante desse rendimento é facilmente percebido como medida justa de capacidade contributiva, tal não acontece, por exemplo, com grande parte dos factos geradores de Imposto do Selo, quando para mais nem sequer nenhum selo é atualmente visível[1]...

Por fim, não ajuda o facto de, num contexto em que para mais parte da soberania fiscal foi já de facto transferida para instituições cuja legitimidade democrática é por vezes questionada, por não ser direta, nem sempre a racionalidade das escolhas do legislador em matéria fiscal ser óbvia, tantas vezes sendo fruto das composições de interesses e de consensos difíceis por terem de acomodar diferentes, às vezes até muito diferentes, perspetivas e sensibilidades políticas, com por vezes inevitáveis cedências à pureza dos princípios[2].

Ora, só se soubermos o que são e para que servem os impostos a que estamos sujeitos podemos ajuizar da equidade e eficiência económica do sistema fiscal, que, como ensina o Conselheiro Freitas Pereira, conjuntamente com a simplicidade são os princípios que o devem enformar[3], sendo certo que um sistema percebido como iníquo, ineficiente ou complexo gera resistência adicional à inevitável, chamemos-lhe assim, pouca vontade de pagar impostos e incentiva a evasão fiscal.

Mas nem um sistema fiscal que em tese seja o mais equitativo, eficiente e simples do mundo pode ser adequado sem uma

---

[1] No caso concreto do Imposto do Selo não ajuda que uma das explicações que já se tornou clássica (*mea culpa*) para a manutenção do anacronismo lógico do imposto seja a de que "*o imposto existe porque existe uma qualquer manifestação de capacidade contributiva que foi considerada relevante pelo legislador, a quem a Constituição atribui tal poder*" – cfr. Relatório da *Comissão para o Desenvolvimento da Reforma Fiscal*, Ministério das Finanças, abril de 1996, pág. 730.

[2] Pense-se, por exemplo, nas taxas liberatórias no IRS, uma entorse ao princípio constitucional da progressividade e do imposto único em matéria de impostos sobre o rendimento pessoal.

[3] Cfr. Manuel Henriques de Freitas Pereira, *Manual de Direito Fiscal*, 3.ª Edição, pág. 65 e seg., onde é salientada, precisamente, a frequente dificuldade de conciliação destes três princípios nos casos concretos.

administração fiscal capaz de o administrar eficazmente e de se relacionar com o contribuinte com uma atitude que não a tradicional mas felizmente já há muito ultrapassada de uma relação de poder quase absoluto. O contribuinte ao qual a administração fiscal facilita o cumprimento das obrigações fiscais, por exemplo pré preenchendo-lhe as declarações de rendimentos, recebe uma dupla mensagem: a administração fiscal quer ajudá-lo e, com lisura, diz-lhe simultaneamente que informação relevante detém sobre ele. É, sem dúvida, uma mudança de paradigma, sobretudo ao nível da transparência, que é também uma das exigências num sistema democrático[4], mudança esta que tem que ser potenciada com mais recursos especializados e novas tecnologias e com a utilização de inteligência artificial[5]. Encontrar o equilíbrio entre esta atitude potenciadora do cumprimento voluntário e o combate à evasão e fraude fiscal, numa atitude de "tolerância zero" a este nível que ainda é necessária relativamente a alguns segmentos de contribuintes não cumpridores[6] e que já passa pela colaboração com outras autoridades, por exemplo através de brigadas mistas compostas por elementos da administração fiscal e da Polícia Judiciária, naturalmente assegurando todos os direitos de defesa, não é tarefa fácil, mas há que reconhecer que o percurso está a ser feito com resultados visíveis.

---

[4] Ver a este propósito o nosso *Desafios na Gestão Pública e na Administração Pública, in Administração Pública e Interesse Público dos Últimos aos Próximos 20 Anos*, Conselho Económico e Social, 2020, pág. 77.

[5] Pense-se, por exemplo, na criação de uma unidade de inteligência artificial e *machine learning* na administração fiscal, como tem vindo a acontecer em muitas empresas portuguesas, com grande probabilidade resultando numa forte relação custo/benefício a médio prazo.

[6] Como em tantas outras organizações que se relacionam com "clientes", a segmentação é aqui a chave: a estratégia para o cumprimento há de ser diferenciada consoante o segmento em que o "cliente" se insere, definido principalmente com base na sua atitude perante as obrigações fiscais.

Na presente obra, os autores explicam-nos o que é um imposto e para que serve, numa linguagem que, sem prescindir do rigor jurídico e económico, é acessível ao público interessado. Ajudam-nos também a percorrer alguns temas que, podendo aos "leigos" parecer laterais a este tema principal, não o são: a transição do fim tradicional de arrecadação das receitas necessárias para assegurar as funções do Estado e de outros entes públicos para o fim de modelação de comportamentos, "punindo-os" ou "recompensando-os" em função das externalidades negativas ou positivas que se lhes encontram associadas, os conceitos de carga fiscal e de esforço fiscal e a sua relevância na estrutura efetiva do sistema fiscal (nomeadamente o português) e a incontornável questão da justiça na opção entre cobrar impostos às gerações atuais ou contrair dívida pública e por essa via onerar as gerações futuras.

Não deixam também de abordar, numa perspetiva social, temas fundamentais no desenho de um sistema fiscal, nomeadamente no que respeita ao imposto sobre o rendimento das pessoas singulares, como a relevância para a justiça fiscal da opção entre taxas proporcionais e progressivas ou a perspetiva das balizas entre uma função redistributiva, podendo inclusivamente ser ponderada a introdução de impostos "negativos", e o estabelecimento de limites ditados pela necessidade inerente ao bem comum porque, como os autores referem em citação, é "*ilegítima, porque* «sem causa», a tributação que apenas serve os interesses do *príncipe*."[7]

Quem decide tem que tomar em consideração todos estes aspetos[8], exercício que é dificultado pela necessidade de consi-

---

[7] Citação de Maria da Assunção Andrade Esteves, *A constitucionalização do direito de resistência*, AAFDL, 1989, pág. 240.

[8] A que acrescem as preocupações cada vez mais relevantes de assegurar a sustentabilidade no crescimento económico. Veja-se, por exemplo, o que a este respeito conclui o Banco Mundial (cfr. Taxes & Government Revenue (worldbank.org): "*There is a need to ensure that the tax system is fair and equitable. Governments need to balance goals such as increased revenue mobilization, sustainable*

derar os efeitos a longo prazo; quem é destinatário das decisões precisa de os conhecer para as poder escrutinar e, em função desse escrutínio, agir, escolhendo quem o representa na sede em que tais decisões são tomadas. Para escolher é preciso estar informado e é aí que obras como esta desempenham um papel fundamental.

O título da obra não engana: os autores debruçam-se essencialmente sobre os impostos, as prestações pecuniárias unilaterais. Num contexto de crescente importância e complexidade de outros tributos, como as taxas e as contribuições, em que a capacidade contributiva assenta em factos tributários de racionalidade frequentemente pouco óbvia e que também por isso suscitam dúvidas aos contribuintes e até aos decisores políticos, fica o desafio para um novo estudo: Tributos: Porquê e para quê?

Julho de 2022

PAULO MOITA DE MACEDO
Presidente da Comissão Executiva da Caixa Geral de Depósitos, S.A.

---

growth, and reduced compliance costs with ensuring that the tax system is fair and equitable. Fairness considerations include the relative taxation of the poor and the rich; corporate and individual taxpayers; cities and rural areas; formal and informal sectors, labor and investment income; and the older and the younger generations."

Vejam-se também os estudos de Catherine Moury, *Perceções da classe política portuguesa sobre Justiça Intergeracional*, Fundação Calouste Gulbenkian, 2018, e Catherine Moury e Daniel Cardoso, *Governar para a Próxima Eleição ou para a Próxima Geração? O caso de Portugal (1995-2019)*, Fundação Calouste Gulbenkian, 2020, neste último se citando (pág. 5) o primeiro: "*Na perspetiva da maioria dos políticos* portugueses que en*trevistámos (...), a sociedade portuguesa é intergeracionalmente injusta*".

PRINCIPAIS ABREVIATURAS

AT – Autoridade Tributária e Aduaneira

CFP – Conselho de Finanças Públicas

CRP – Constituição da República Portuguesa

CPA – Código do Procedimento Administrativo

CPPT – Código de Procedimento e de Processo Tributário

DGO – Direcção-Geral do Orçamento

IMI – Imposto Municipal sobre Imóveis

IMT – Imposto Municipal sobre as Transmissões Onerosas de Imóveis

IRC – Imposto sobre o Rendimento das Pessoas Colectivas

IRS – Imposto sobre o Rendimento das Pessoas Singulares

LGT – Lei Geral Tributária

RCIPTA – Regime Complementar do Procedimento de Inspecção Tributária e Aduaneira

RGIT – Regime Geral das Infracções Tributárias

TFUE – Tratado sobre o Funcionamento da União Europeia

UTAO – Unidade Técnica de Apoio Orçamental

RESUMO

O presente estudo diz respeito aos *impostos*, analisando-se os fundamentos da sua existência e o seu impacto na vida dos cidadãos e das empresas.

Os impostos constituem a principal receita do Estado, permitindo a sua sobrevivência bem como a realização das suas tarefas fundamentais, por maioria de razão, no quadro de um Estado de Direito Democrático e Social, em que a solidariedade a favor dos que mais precisam não pode deixar de existir.

O trabalho de investigação está dividido em dez partes. A Parte I introduz o conceito de imposto, salientando aspectos como a unilateralidade, a sua natureza legal, bem como o princípio da capacidade contributiva e a finalidade do imposto. A Parte II relaciona as tarefas fundamentais do estado com a tributação, destacando as denominadas "falhas de mercado" e a necessidade de realizar despesas públicas. A Parte III aborda as principais modalidades de taxas de imposto. A Parte IV tem por escopo destacar o mínimo de existência dos contribuintes, bem como o próprio mínimo de subsistência estadual. A Parte V aborda o polémico tema dos impostos confiscatórios. Na Parte VI aborda-se a família na fiscalidade. A Parte VII respeita à tributação do rendimento real das empresas, destacando os métodos indirectos de tributação. Na Parte VIII estuda-se a extrafiscalidade, relacionando-a com a própria fiscalidade. A Parte IX destaca-se a necessidade de discriminação positiva dos contribuintes cumpridores, abordando ainda a criminalização das infracções tributárias. Por último, na Parte X relaciona-se a evolução da dívida pública e da carga fiscal em Portugal.

Palavras-chave: impostos; capacidade contributiva; confisco; verdade fiscal; cumprimento fiscal; incumprimento fiscal; criminalização; dívida pública; carga fiscal.

ABSTRACT

The present study concerns taxes, analysing the foundations of their existence and their impact on the lives of citizens and companies.

Taxes constitute the primary revenue of the State, allowing its survival as well as the performance of its fundamental tasks, a fortiori, within the framework of a Democratic and Social Rule of Law, in which solidarity in favour of those who need it most cannot cease to exist.

The research work is divided into ten parts. Part I introduces the concept of tax, highlighting aspects such as unilaterality, its legal nature, as well as the principle of ability to pay and the purpose of the tax. Part II relates the fundamental tasks of the State to taxation, highlighting the so-called "market failures" and the need to carry out public expenditures. Part III discusses the main types of tax rates. Part IV aims to highlight the minimum existence of taxpayers, as well as the state subsistence minimum itself. Part V addresses the controversial issue of confiscatory taxes. Part VI addresses the family in taxation. Part VII concerns the taxation of real corporate income, highlighting indirect methods of taxation. In Part VIII, extra fiscality is studied, relating it to taxation itself. Part IX highlights the need for positive discrimination against complying taxpayers, also addressing the criminalisation of tax infractions. Finally, in Part X, the evolution of public debt and the tax burden in Portugal is related.

Keywords: taxes; contributory capacity; confiscation; tax truth; tax compliance; tax default; criminalization; public debt; tax burden.

NOTA DOS AUTORES

«Sempre que no Parlamento se levanta a voz plangente de um ministro pedindo que cresça a bolsa do fisco e se cubra de impostos a fazenda do pobre, para salvação económica da pátria, há agitações, receios, temores, inquietações, oposições terríveis, descontentamento incuráveis».

EÇA DE QUEIRÓS
Distrito de Évora n.º 15, 28 de Fevereiro de 1867

A ideia de escrever o livro ***Impostos: Porquê e para quê?*** não é de hoje, mas tem especial acuidade nos dias que correm. Em conversas com Colegas da Academia e Amigos temos sido, por diversas vezes, solicitados com insistência a responder a um interessante desafio: explicar, o que são, afinal, para que servem e, acima de tudo, porque pagamos (tanto de) impostos. Em nossa opinião, faz falta uma abordagem não exaustiva mas clarividente, sucinta e acessível a todos os nossos concidadãos-contribuintes, sobretudo aos não especialistas, isto é, terreno plano, onde todos possamos caber.

Aqui chegados, agradecemos a ajuda prestimosa, em primeiro lugar, dos nossos Colegas e Amigos que nos semearam este desafio, mais do que académico, sobretudo cívico, bem como das diversas pessoas que connosco colaboraram neste itinerário, partilhando connosco o seu conhecimento e a sua experiência prática, designadamente, docentes universitários, quadros da Autoridade

Tributária e Aduaneira, jurisconsultos, advogados e gestores de empresas.

Respondemos neste livro a um sobressalto cívico e, quando necessário, igualmente crítico, porque o bom cidadão deve ser, desde logo, um cidadão o mais possível informado e esclarecido sobre os seus direitos, mas também consciente dos custos desses mesmos direitos, avultando os impostos como o preço que pagamos para termos civilização[1]. Sendo que, segundo a sabedoria popular, "*Todos querem saber, mas ninguém quer pagar*"...

Lisboa, 8 de Julho de 2022.

[1] Segundo Oliver Wendell Holmes, «*Os impostos são aquilo que se paga para se ter uma sociedade civilizada*».

AGRADECIMENTOS

Exprimimos nesta ocasião os nossos agradecimentos, em especial ao Instituto de Direito Económico, Financeiro e Fiscal (IDEEF), nas Pessoas dos Senhores Professores Doutores Eduardo Paz Ferreira e Ana Paula Dourado, pelas palavras e gestos reiterados de incentivo ao estudo, à reflexão e à publicação.

Uma palavra de gratidão é igualmente devida à Faculdade de Direito de Lisboa, ao ISEG – Lisbon School of Economics & Management, ao Centro de Estudos Fiscais e Aduaneiros da Autoridade Tributária e Aduaneira, bem como às Bibliotecas da Assembleia da República, da Procuradoria-Geral da República, do Banco de Portugal, do Tribunal de Contas e da Ordem dos Advogados, pela colaboração prestimosa ao nosso trabalho de investigação.

Por todos, dirigimos um agradecimento muito especial ao Dr. Paulo Moita de Macedo, pelas sucessivas palavras de incentivo e pela imensa honra que nos quis dar ao escrever gentilmente o prefácio deste livro.

Joaquim Miranda Sarmento: Este trabalho é financiado por Fundos Nacionais através da FCT – Fundação para a Ciência e a Tecnologia no âmbito do projecto de financiamento com a Referência UIDB/04521/2020

«Os impostos são vistos como um "pôr as mãos nos bolsos" das pessoas. Na realidade, os tributos são um sinal de legalidade e justiça. Deve favorecer a redistribuição da riqueza, salvaguardando a dignidade dos pobres e dos últimos, que sempre correm o risco de serem esmagados pelos poderosos. Quando a tributação é justa, visa o bem comum».

Papa Francisco

Discurso à Delegação da Agência de Receita
(Sala Clementina, 31 de Janeiro de 2022)

I
O CONCEITO DE IMPOSTO

1. Enquadramento

O *imposto*, principal fonte de receita do Estado[2] corresponde a uma prestação patrimonial, unilateral, coactiva, criada por lei[3], assente na capacidade contributiva, tendo em vista a satisfação das necessidades financeiras do Estado e das demais entidades públicas[4].

---

[2] João César das Neves, *Princípios de Economia Política*, Verbo, Lisboa, 2010, p. 95; J. Casalta Nabais, *Da sustentabilidade do Estado Fiscal*, in Sustentabilidade fiscal em tempos de crise, Coord. J. Casalta Nabais/Suzana Tavares da Silva, Almedina, Coimbra, 2011, p. 12; Joaquim Miranda Sarmento, *Manual de Finanças Públicas e de Contas Nacionais no Sector das Administrações Públicas – O Processo Europeu e o Cálculo do Défice e da Dívida Pública*, Almedina, Coimbra, 2017, p. 786.

Em 2021, de acordo com a síntese de execução orçamental da DGO de Janeiro de 2022, os impostos representaram 51.386 milhões de euros (em contabilidade pública), sendo que as contribuições para a Segurança Social representaram uma receita de 24.195 Milhões de euros, num total de receita de 91.808 Milhões de euros.

[3] J. Casalta Nabais, *Direito Fiscal*, 10.ª Edição, Almedina, Coimbra, 2017, pp. 34-36; António Braz Teixeira, *Princípios de Direito Fiscal*, Vol. I, 3.ª Edição, Almedina, Coimbra, 1990, pp. 37-39.

[4] Artigo 103.º, n.º 1, da Constituição da República Portuguesa.

Na observação atenta de Eduardo Paz Ferreira «A ideia de base é a que todos os cidadãos consideram que a sua riqueza se deve repartir entre

Curiosamente, na legislação tributária portuguesa, diferentemente do que sucede em outros ordenamentos, não existe nenhuma referência precisa a um conceito normativo de imposto.

Por sinal, o Código Tributário Alemão (*Abgabenordnung*), no §3 (1), contém uma noção legal de imposto, abrangendo a possibilidade de ao imposto ser conferida uma função extrafiscal: *Os impostos são prestações pecuniárias que não representam a contrapartida de um benefício específico e são impostas por uma entidade pública para arrecadar receitas sobre todos os que estejam sujeitos aos factos a que a lei impõe a obrigação de pagar; arrecadar receita pode ser um objectivo secundário.*

Em Espanha, o artigo 2.º.1, da *Ley General Tributaria* dispõe de uma previsão algo interessante: *Los tributos son los ingresos públicos que consisten en prestaciones pecuniarias exigidas por una Administración pública como consecuencia de la realización del supuesto de hecho al que la ley vincula el deber de contribuir, con el fin primordial de obtener los ingresos necesarios para el sostenimiento de los gastos públicos.*

Los tributos, además de ser medios para obtener los recursos necesarios para el sostenimiento de los gastos públicos, podrán servir como instrumentos de la política económica general y atender a la realización de los principios y fines contenidos en la Constitución».

---

satisfação individual e colectiva das necessidades económicas, estando, para tanto, dispostos a prescindir de uma parcela da riqueza a favor do Estado ou de outras comunidades públicas. O equilíbrio social, através do máximo de bem-estar seria, assim, conseguido quando a percentagem de riqueza entregue ao Estado correspondesse precisamente à importância de que cada contribuinte estava disposto a prescindir para a sua utilização privada» (*Ensaio de Finanças Públicas*, Almedina, Coimbra, 2020, p. 47).

Conforme referia António de Sousa Franco: «Nos modernos sistemas de economia de mercado, as mais significativas receitas públicas [...] são as receitas tributárias, que encontram o seu fundamento na existência de um dever genérico de cobertura dos encargos públicos, que recai potencialmente sobre a totalidade dos membros de uma Comunidade" *(Finanças Públicas e Direito Financeiro*, Vol. II, Almedina, Coimbra, 2001, p. 58).

O *Código Tributário Nacional* (Brasil) estabelece que «o tributo é toda prestação pecuniária compulsória, em moeda ou cujo valor nela se possa exprimir, que não constitua sanção de ato ilícito, instituída em lei e cobrada mediante atividade administrativa plenamente vinculada» (artigo 3.º)

2. Unilateralidade

Diferentemente da taxa (ex: propina, taxa de portagem – quando cobradas por entidade pública e não por concessão privada, licença de construção, etc), o imposto não pressupõe a existência de qualquer contrapartida[5] individualizada a favor do devedor do imposto, não constituindo o imposto uma prestação sinalagmática[6], até porque não se torna fácil individualizar os beneficiários concretos de diversas funções e serviços do Estado, dada a sua nítida indivisibilidade (Ex: defesa nacional, diplomacia, protecção civil, segurança interna, etc), apesar de suportados financeiramente pelos impostos. Trata-se de um problema económico de "*free-riding*", ou seja, existe o benefício na utilização de recursos sem o respetivo custo directo a ser suportado por quem beneficia daqueles recursos.

No entanto, na relação jurídica de imposto existe um *sujeito activo* (credor), que corresponde à entidade de direito público titular do direito de *exigir* o cumprimento das obrigações tributárias, quer directamente quer através de representante (artigo 18.º,

---

[5] Maria D'Oliveira Martins, *Lições de Finanças Públicas e Direito Financeiro*, 3.ª Edição Revista e Actualizada, Almedina, Coimbra, 2017, pp. 62-64; Filipe de Vasconcelos Fernandes, *Direito Fiscal Constitucional – Introdução e Princípios Fundamentais*, AAFDL Editora, Lisboa, 2020, pp. 53-54.

[6] O *sinalagma* corresponde a um vínculo de reciprocidade (troca) em um contrato bilateral, existindo uma relação de prestação e contraprestação, subsumida na expressão latina *do ut des* ("*dou, para que dês*").

n.º 1, da LGT), poderes de gestão ou administração exercidos, em relação à maioria dos impostos, pela autoridade tributária e aduaneira, também comummente designada por administração tributária ou simplesmente por fisco[7]. E também existe um *sujeito*

---

[7] SÉRGIO VASQUES, *Manual de Direito Fiscal*, Almedina, Coimbra, 2015, pp. 375-379.

Podem existir entidades públicas com poder tributário de criação ou mesmo de alteração de tributo, mas sem ter contudo ter necessariamente o direito de exigir ao contribuinte o imposto, como é o caso, por exemplo do Imposto Municipal sobre Imóveis (IMI), o qual é liquidado anualmente, em relação a cada município, pelos serviços centrais da autoridade tributária e aduaneira (artigo 113.º, n.º 1, do Código do IMI), mas os poderes tributários podem ser exercidos pelas autarquias locais (artigo 238.º, n.º 4, da Constituição da República Portuguesa). Por exemplo, a lei estabelece que as taxas do imposto municipal sobre imóveis, relativamente a prédios urbanos situa-se na margem de 0,3% a 0,45%, sendo que os municípios, mediante deliberação da assembleia municipal, podem fixar a taxa a aplicar em cada ano, dentro daqueles intervalos, podendo a taxa ser fixada por freguesia (artigo 112.º, n.ºs 1, alínea c), e 5, do Código do IMI).

Reportando-se a questão idêntica, ainda no âmbito do anterior Código da Contribuição Autárquica, o Tribunal Constitucional já considerara que «A questão que aqui se coloca – e só dela há que tratar – é a de saber se o princípio da reserva da lei em matéria fiscal, enquanto dimensão do *princípio da legalidade fiscal,* impõe que a lei fixe ela própria a taxa da contribuição autárquica ou se, ao invés, consente que a lei determine os limites da sua variação possível, devolvendo às assembleias deliberativas dos municípios a competência para, dentro das balizas por ela traçadas, fixar o respectivo valor.

Na resposta à questão assinalada, não se pode deixar de relevar um conjunto de especificidades que se verificam no caso das normas agora em análise: em primeiro lugar, o poder atribuído aos municípios para fixar a taxa da contribuição autárquica diz respeito a um imposto de *natureza municipal* – não apenas porque a sua receita reverte para os municípios, mas também porque o valor patrimonial dos prédios é fortemente influenciado pelas obras realizadas por aqueles entes públicos territoriais; em segundo lugar, o grau de variação fixado pela lei entre o mínimo e o máximo da taxa daquele imposto é relativamente curto (1,1% a 1,3% do valor matricial), pelo que a margem de liberdade das assembleias municipais é bastante estreita; em terceiro lugar, o poder conferido pela lei para a modelação da taxa do referido imposto, dentro

passivo, também designado, algumas vezes, por *contribuinte*, ou seja, «a pessoa relativamente à qual se verifica o facto tributário, o pressuposto de facto ou o facto gerador do imposto, isto é, o titular da manifestação de capacidade contributiva que a lei tem em vista atingir e que, por conseguinte, deve suportar a ablação ou corte patrimonial que o imposto acarreta»[8].

3. Natureza legal (*ex lege*) do imposto e a (ir)relevância da vontade do contribuinte

Uma vez verificado o facto tributário[9], constitui-se a relação jurídica tributária[10], isto é, um facto real e concreto, enquanto manifestação de capacidade contributiva, como por exemplo, uma aquisição onerosa de um bem, que faz nascer da relação

---

dos limites rigorosos por ela definidos, tem como destinatários os municípios, ou seja, as autarquias locais mais importantes actualmente existentes, dotadas de personalidade jurídica e de autonomia administrativa e financeira (artigos 6.°, n.° 1, 237.° e 240.° da Constituição). A conjugação destes factores é considerada por este Tribunal como decisiva para concluir que as normas acima assinaladas não infringem o princípio da legalidade tributária» (Acórdão n.° 57/95, de 16 de Fevereiro de 1995 – Relator: Alves Correia).

Vide, entre outros, a este propósito, J. Freitas da Rocha, *Direito Financeiro Local (Finanças Locais)*, 3.ª Edição, Almedina, Coimbra, 2019, p. 187.

[8] J. Casalta Nabais, *Direito Fiscal*, 10.ª Edição, Almedina, Coimbra, 2017, p. 248. No entanto, pensamos que os poderes tributários das autarquias locais estão ainda assim subordinados às leis ou decretos-leis autorizados (Ana Paula Dourado/Paulo Marques, *Anotações aos artigos 238.° e 254.°*, in Constituição Portuguesa Anotada – Volume III, 2.ª Edição Revista, Coord. Jorge Miranda/Rui Medeiros, Universidade Católica Editora, Lisboa, 2020, p. 404).

[9] O legislador espanhol, na Ley General Tributária define o facto tributário como sendo *el presupuesto fijado por la ley para configurar cada tributo y cuya realización origina el nacimiento de la obligación tributaria principal* (artigo 20.1).

O facto tributário encontra-se tipificado nas normas de incidência tributária.

[10] Artigo 36.°, n.° 1, da LGT.

jurídica tributária[11]. O contribuinte está assim vinculado ao cumprimento da obrigação principal de pagamento de imposto[12], independentemente da sua vontade, não vigorando nesta matéria o princípio da autonomia da vontade[13]. A decisão, por exemplo, de adquirir ou não um bem, de celebrar ou não um contrato de trabalho ou de arrendamento, radica apenas na vontade do contribuinte (liberdade contratual)[14], mas uma vez verificado o facto tributário, são aplicáveis imperativamente as consequências fiscais estabelecidas na lei[15]. Trata-se assim de uma prestação

---

[11] J. FREITAS DA ROCHA/HUGO FLORES DA SILVA, *Teoria Geral da Relação Jurídica Tributária*, Almedina, Coimbra, 2017, pp. 53-54.

[12] O contribuinte está igualmente vinculado ao cumprimento das obrigações acessórias do sujeito passivo, designadamente, as que visam possibilitar o apuramento da obrigação de imposto, nomeadamente a apresentação de declarações, a exibição de documentos (artigo 31.º, n.º 2, da LGT). fiscalmente relevantes, incluindo a contabilidade ou escrita, e a prestação de informações.

[13] ANA PRATA, *A tutela constitucional da autonomia privada*, Almedina, Coimbra, 2016, pp. 71-74; CARLOS ALBERTO DA MOTA PINTO, *Teoria Geral do Direito Civil*, 3.ª Edição Actualizada, Coimbra Editora, Coimbra, 1996, pp. 89-92.

[14] Artigos 61.º, da Constituição da República Portuguesa e 405.º, do Código Civil.

A *liberdade contratual* desdobra-se em liberdade de celebração, em liberdade de selecção do tipo negocial e em liberdade de estipulação, baseando-se na livre determinação das partes e exigindo o consenso de ambas as partes para então se formar (JORGE MORAIS CARVALHO, *Os Limites à Liberdade Contratual*, Almedina, Coimbra, 2016, pp. 16-18 e 24-32; LUÍS MANUEL TELES DE MENEZES LEITÃO, *Direito das Obrigações*, Volume I, Introdução. Da constituição das obrigações, 14.ª Edição, Almedina, Coimbra, 2017, pp. 21-22).

[15] Na explicação de ANTÓNIO BRAZ TEIXEIRA «embora possa depender da vontade dos particulares o colocar-se ou não na situação geradora da obrigação de pagar o imposto, o praticar ou não o acto tributável, o conteúdo dessa obrigação situa-se fora do campo da autonomia da vontade privada, é sempre definido pela lei» (*Princípios de Direito Fiscal*, Vol. I, 3.ª Edição, Almedina, Coimbra, 1990, p. 38).

As normas fiscais, pela sua coactividade e, porventura, pelo carácter pretensamente "odioso" do próprio imposto, acabam por incentivar ou dissuadir

obrigatória[16]. No caso de incumprimento por parte do contribuinte, vencem-se juros de mora[17] e, em caso de persistência incumpridora[18], a administração tributária, munida de especiais poderes coercivos (*ius imperii*) instaura o processo de execução fiscal, tendo em vista diligenciar a cobrança coerciva dos seus créditos tributários, através de penhora e venda executiva subsequente, se for caso disso. Aquele processo, em regra, é tramitado exclusivamente pelos serviços da administração tributária[19] sem a intervenção dos tribunais[20] ("*privilégio de execução prévia*")[21]. A administração tributária tem assim o dever de prestação de

---

os contribuintes a adoptar certas condutas, potenciando boas práticas de ética social e de crescimento económico. A este propósito, J. CASALTA NABAIS realça que o princípio da liberdade de gestão fiscal «exige que se permita com a maior amplitude possível a livre decisão dos indivíduos em todos os domínios da vida, admitindo-se a limitação dessa liberdade de decisão apenas quando do seu exercício sem entraves resultem danos para a coletividade ou quando o Estado tenha de tomar precauções para preservar essa mesma liberdade individual. Isto requer, antes de mais, uma economia de mercado e a consequente ideia de subsidiariedade da acção económica e social do Estado e demais entes públicos» (*Introdução ao Direito Fiscal das Empresas*, 2.ª Edição, Almedina, Coimbra, 2015, p. 51).

[16] Os elementos essenciais da relação jurídica tributária não podem ser alterados por vontade das partes (artigo 36.°, n.° 2, da LGT).

[17] São devidos juros de mora quando o sujeito passivo não pague o imposto devido no prazo legal, sendo que os juros de mora aplicáveis às dívidas tributárias são devidos *até à data do pagamento* da dívida (artigo 44.°, n.°s 1 e 2, da LGT).

[18] Incumbe prioritariamente ao Estado, no âmbito económico e social, assegurar o funcionamento eficiente dos mercados, de modo a garantir a equilibrada concorrência entre as empresas (artigo 81.°, alínea f), da Constituição da República Portuguesa), sendo que a fraude e a evasão fiscal consubstanciam uma distorção da livre concorrência entre agentes do mesmo sector económico de actividade.

[19] Artigo 10.°, n.° 1, alínea f), do CPPT.

[20] Artigo 151.°, *a contrario*, do CPPT.

[21] A execução coerciva de obrigações pecuniárias é sempre possível (artigo 176.°, n.° 2, do CPA).

contas (*accountability*)[22] aos contribuintes, em especial aos cumpridores, dos resultados na cobrança coerciva. Mais concretamente, o governo, órgão superior da administração pública, apresenta ao parlamento, até ao final do mês de junho de cada ano, um relatório detalhado sobre a evolução do combate à fraude e à evasão fiscais em todas as áreas da tributação, explicitando os resultados alcançados, designadamente quanto ao valor das liquidações adicionais realizadas, bem como quanto ao valor das *coletas recuperadas* nos diversos impostos[23].

Estando o imposto previsto na lei, é devido[24], pelo que tem que ser cobrado por imposição do princípio da *indisponibilidade* do crédito tributário[25], de modo a aplicar-se a lei da mesma forma a todos os contribuintes. Se o tributo não está previsto na lei,

---

[22] A *accountability* pode ser definida como a obrigação de uma determinada pessoa ou instituição de prestar informação e contas sobre a sua prestação no exercício de determinada função.

[23] Artigo 64.°-B, n.° 1, da LGT.

[24] A liquidação de imposto constitui, à partida, um acto *vinculado*, ou seja, encontra-se suportado numa norma que não deixa margem para outras, devendo a administração tributária agir de tal ou qual forma. Embora, como se sabe, não existem actos absolutamente vinculados ou discricionários (Diogo Freitas Do Amaral, *Curso de Direito Administrativo – Vol. II*, 3.ª Edição, Almedina, Coimbra, 2016, p. 69).

[25] Artigos 30.°, n.° 2 e 36.°, n.° 3, da LGT e 85.°, do CPPT.

No entanto, J. Freitas da Rocha e Hugo Flores da Silva advertem que «a AT não pode actuar tendo por base uma visão unilateral e redutora do interesse público e da legalidade, lembrando-se apenas dos princípios estritos do Direito tributário, como se estivesse desligado do ordenamento em geral, e fazendo tábua rasa de todas as restantes dimensões constitucionais merecedoras de tutela. Na verdade, o fisco tem entendido o interesse público simplesmente como a finalidade de arrecadação de dinheiros, agindo como uma mera estrutura cobradora, entendendo a "legalidade" num sentido redutor e sinónimo de aplicação cega da lei» (*Teoria Geral da Relação Jurídica Tributária*, Almedina, Coimbra, 2017, p. 48).

Importantes razões de interesse público ditam que a competência definida por lei é irrenunciável e inalienável (artigo 36.°, n.° 1, do CPA), não

então não deve ser liquidado e cobrado, em face do primado dos princípios da legalidade e da liberdade económica[26]. No entanto, sendo a liquidação inválida, dado a anulabilidade constituir em regra a sanção jurídica aplicável[27], deve ser tratada como válida, sendo obrigatória para o contribuinte até à sua eventual anulação administrativa ou jurisdicional[28].

O imposto tem natureza legal (*ex lege*), sendo nesta matéria a Constituição da República Portuguesa[29] particularmente exigente, ao estabelecer a *reserva de lei*[30]. Isto é, os elementos essenciais do imposto devem ser disciplinados por *lei* (parlamento), competência exclusiva deste órgão de soberania, salvo eventual decreto-lei autorizado (governo), uma vez que a função tributária está subordinada à vontade popular, expressa através da legitimidade democrática parlamentar[31]. Já em pleno século

---

constituindo um direito subjectivo do seu titular (Paulo Otero, *Direito do Procedimento Administrativo*, Volume I, Almedina, Coimbra, 2016, p. 447).

[26] Artigos 103.°, n.° 3, e 61.°, da Constituição da República Portuguesa.

J. Casalta Nabais, *O princípio do Estado fiscal*, in Estudos Jurídicos e Económicos em Homenagem ao Professor João Lumbrales, Faculdade de Direito da Universidade de Lisboa, Coimbra Editora, Coimbra, 2000, pp. 363-393.

[27] Diogo Freitas do Amaral, *Curso de Direito Administrativo*, Volume II, 3.ª Edição, Almedina, Coimbra, 2016, p. 360.

[28] Artigo 163.°, n.° 2, do CPA.

Ravi Afonso Pereira, *A Execução do Acto Administrativo no Direito Português*, in Estudos em Homenagem ao Professor Doutor Diogo Freitas do Amaral, Almedina, Coimbra, 2010, p. 849.

[29] Artigos 165.°, n.° 1, alínea e) e 103.°, n.° 2, da Constituição da República Portuguesa.

[30] Paulo Marques, *Constituição, legalidade e tipicidade tributária: Subsídios para a sua compreensão*, in Revista do Ministério Público, n.° 146, Lisboa, Abril-Junho 2016, pp. 126-128.

[31] A Assembleia da República é a assembleia representativa de todos os cidadãos portugueses (artigo 147.°, da Constituição da República Portuguesa).

Em Espanha, a *Ley General Tributaria* estabelece que «*Se regularán en todo caso por ley: a) La delimitación del hecho imponible, del devengo, de la base imponible y liquidable, la fijación del tipo de gravamen y de los demás elementos directamente*

XIII o Rei João Sem Terra foi obrigado a jurar obediência a um documento escrito – a *Magna Carta* (1215) –, que antecede as modernas Constituições, e que consagrou o célebre princípio: "*não há tributação sem representação*"[32]. O monarca, para exigir o tributo, necessitaria assim da concordância dos representantes daqueles que o vão pagar.

No nosso tempo, a exigência da autorização dos representantes daqueles que vão pagar o seu imposto (prestação unilateral e coactiva) é satisfeita mediante o princípio da estrita legalidade

---

determinantes de la cuantía de la deuda tributaria, así como el establecimiento de presunciones que no admitan prueba en contrario. b) Los supuestos que dan lugar al nacimiento de las obligaciones tributarias de realizar pagos a cuenta y su importe máximo. c) La determinación de los obligados tributarios previstos en el apartado 2 del artículo 35 de esta ley y de los responsables. d) El establecimiento, modificación, supresión y prórroga de las exenciones, reducciones, bonificaciones, deducciones y demás beneficios o incentivos fiscales. e) El establecimiento y modificación de los recargos y de la obligación de abonar intereses de demora. f) El establecimiento y modificación de los plazos de prescripción y caducidad, así como de las causas de interrupción del cómputo de los plazos de prescripción. g) El establecimiento y modificación de las infracciones y sanciones tributarias. h) La obligación de presentar declaraciones y autoliquidaciones referidas al cumplimiento de la obligación tributaria principal y la de pagos a cuenta. i) Las consecuencias del incumplimiento de las obligaciones tributarias respecto de la eficacia de los actos o negocios jurídicos. j) Las obligaciones entre particulares resultantes de los tributos. k) La condonación de deudas y sanciones tributarias y la concesión de moratorias y quitas. l) La determinación de los actos susceptibles de reclamación en vía económico-administrativa. m) Los supuestos en que proceda el establecimiento de las intervenciones tributarias de carácter permanente.

[32] Em Portugal, foi em 1254, nas Cortes de Leiria que passaram a ser convocados os representantes do *povo («homens bons»)*, sendo que o lançamento de impostos gerais passou a ficar dependente de acordo dos representantes a partir das Cortes de Coimbra, em 1261, igualmente no reinado de D. Afonso III ("*O Bolonhês*"). *Vide*, por exemplo, ALEXANDRE HERCULANO, *História de Portugal*, Volume II, Bertrand Editora, Lisboa, 2008, 61; MARCELLO CAETANO, *História do Direito Português (1140-1495)*, 2.ª Edição, Verbo, Lisboa, 1985, p. 313; e DIOGO FREITAS DO AMARAL, *D. Afonso III, o Bolonhês (1212-1279): Um grande homem de Estado*, Bertrand Editora, Lisboa, 2015, pp. 119-123.

da tributação, pedra angular do Direito Tributário, daí decorrendo a legitimidade democrática do próprio imposto, alicerçada igualmente numa perspectiva marcadamente garantística (*autoconsentimento*)[33].

O imposto, na sua liquidação e cobrança, está plenamente vinculado à lei[34] em relação ao seu *fundamento* e *limites*[35] (princípio da competência), existindo uma clara subordinação da actividade administrativa ao acto legislativo, imperando o princípio da *precedência* ou da *prevalência da lei*[36]. Sendo que em caso de liquidação ou cobrança de imposto que se não faça nos termos da lei, existe mesmo o *direito de resistência*[37], mas apenas quando não seja possível recorrer à autoridade pública[38].

---

[33] Actualmente, está na ordem do dia, a defesa, por alguns, dos chamados *impostos europeus*, aprovados por maioria qualificada no plano europeu, tendo em vista o reforço dos recursos para a União Europeia.

[34] Artigo 103.º, n.º 3, da Constituição da República Portuguesa. Note-se que a União dota-se dos meios necessários para atingir os seus objectivos e realizar com êxito as suas políticas (artigo 311.º, do Tratado sobre o Funcionamento da União Europeia).

[35] Mário Aroso de Almeida, *Teoria Geral do Direito Administrativo*, 5.ª Edição Actualizada e Refundida, pp. 77-78.

[36] Artigos 203.º e 266.º, n.º 2, da Constituição da República Portuguesa, 3.º, n.º 1, do CPA e 55.º, da LGT

Ana Paula Dourado/Paulo Marques, *Anotações aos artigos 103.º e 104.º*, in Constituição Portuguesa Anotada – Volume II, 2.ª Edição Revista, Coord. Jorge Miranda/Rui Medeiros, Universidade Católica Editora, Lisboa, 2018, p. 228; e Rui Duarte Morais, *Manual de Procedimento e de Processo Tributário*, Almedina, Coimbra, 2012, p. 13.

[37] Artigos 21.º, e 103.º, n.º 3, da Constituição da República Portuguesa.

[38] A todos é assegurado o acesso ao direito e aos tribunais para defesa dos seus direitos e interesses legalmente protegidos (artigo 20.º, n.º 1, *1.ª parte*, da Constituição da República Portuguesa). O interessado tem o direito de impugnar ou recorrer de todo o acto lesivo dos seus direitos e interesses legalmente protegidos, segundo as formas de processo prescritas na lei (artigo 95.º, n.º 1, da Constituição da República Portuguesa).

O Orçamento do Estado[39], reúne a previsão ou estimativa das *receitas* e o limite máximo da despesa e do endividamento

---

[39] Citando Sousa Franco: «Orçamento é uma previsão, normalmente anual, das despesas a realizar pelo Estado e dos processos para as cobrir, incorporando a autorização concedida à administração financeira para cobrar receitas e realizar despesas e limitando os poderes financeiros da administração em cada período orçamental» (*Finanças Públicas e Direito Finjanceiro,* Almedina, Coimbra, 1999, p. 336). Ou seja, o Orçamento é um documento de gestão previsional, mas essa gestão previsional tem, contudo, uma diferença significativa entre receitas e despesas. Do lado da receita, o Governo apresenta uma estimativa de cobrança dos impostos, taxas e outras receitas (corrente e de capital). Do lado da despesa, o Governo fixa um tecto máximo da despesa total, mas também um tecto máximo de cada rubrica da despesa (quer por entidade – classificação orgânica; quer por tipo de despesa – classificação económica). Assim, materialmente, o Orçamento é uma previsão que incorpora uma autorização para a cobrança de receitas pelo Estado, bem assim como uma previsão de despesas, com um valor máximo, o que limita os poderes financeiros da Administração Pública (João Ricardo Catarino, *Finanças Públicas e Direito Financeiro,* 2.ª Edição Revista, Actualizada e Aumentada, Almedina, Coimbra, 2014, p. 248).

O Conselho de Finanças Públicas (CFP) define o Orçamento do Estado como uma «lei da Assembleia da República, que comporta uma descrição detalhada de toda a previsão de receitas, uma autorização de despesas ou dotação de despesas, bem como uma autorização de endividamento, tudo para um horizonte temporal de um ano».

Entre outros autores, ver com especial interesse, por exemplo, J. J. Gomes Canotilho, *A Lei do Orçamento na Teoria da Lei,* in Estudos de Homenagem ao Prof. Teixeira Ribeiro II, Coimbra, 1979, p. ; J. J. Teixeira Ribeiro, *Lições de Finanças Públicas,* 5.ª Edição Refundida e Actualizada, Coimbra Editora, Coimbra, 2011, pp. 50-56.

Os principais objetivos do Orçamento do Estado consistem em: Relacionar as receitas com as despesas – orçamentar despesas e assegurar que as receitas são bastantes para as cobrir; Fixar as despesas – o total das despesas é obtido pela soma dos créditos orçamentais atribuídos aos serviços, os quais constituem a autorização máxima concedida para gastar; Apresentar o plano financeiro do Estado – através da previsão das despesas conhece-se o montante que se pretende despender com a organização e funcionamento dos serviços e através da previsão das receitas fica a conhecer-se o contributo de cada

do Estado[40] para um determinado período[41], em regra anual. A lei do Orçamento é elaborada, organizada, votada e executada, *anualmente*[42], o que é corroborado pela Lei de Enquadramento

---

um dos meios de financiamento; Assumir-se como indicador da incidência económica das medidas e programas –apresenta o programa financeiro do Estado; Consubstanciar-se como plano da Administração – em que áreas ou setores se vai dar mais desenvolvimento, ou restrição pela maior ou menor aplicação de recursos, bem como a importância dos recursos obtidos e das respetivas origens; Assegurar a responsabilidade financeira pelo emprego dos recursos financeiros públicos.

[40] Integra o perímetro orçamental o Estado, incluindo as dos fundos e serviços autónomos, bem como o orçamento da segurança social (artigos 105.°, n.° 1, alíneas a) e b), da Constituição da República Portuguesa e 9.°, n.° 1, da Lei do Enquadramento Orçamental).

Conforme refere João Ricardo Catarino, o Orçamento do Estado tem três elementos distintos: um elemento económico, na medida em que o Orçamento é um plano financeiro que estrutura e organiza toda a atividade financeira do Estado; um elemento jurídico, na medida em que se trata de uma lei com carácter de força obrigatória, e um elemento político, no sentido em que alinha uma estratégia e um conjunto de opções que resultam da vontade de um Governo eleito, sufragada por outro órgão de poder também ele eleito. Note-se que a Assembleia da República exerce, aqui, um poder que não é passível de ser delegado em outra entidade (competência exclusiva do Parlamento). Assim, o autor entende o Orçamento como uma verdadeira autorização política do órgão representativo de todos os cidadãos, para que o poder político promova a satisfação do interesse público (*Finanças Públicas e Direito Financeiro*, 2.ª Edição Revista, Actualizada e Aumentada, Almedina, Coimbra, 2014, pp. 255-256)

[41] Eduardo Paz Ferreira, *Ensaio de Finanças Públicas*, Almedina, Coimbra, 2020, p. 253.

[42] Artigo 106.°, n.° 1, *1.ª parte*, da Constituição da República Portuguesa.

A referência expressa ao princípio da *anualidade* corresponde a uma novidade introduzida expressamente pela actual redacção, não deixando a letra do preceito constitucional qualquer dúvida, até porque na fixação do sentido e alcance da lei, o intérprete presumirá que o legislador consagrou as soluções mais acertadas e soube exprimir o seu pensamento em termos adequados (artigo 9.°, n.° 3, do Código Civil). A propósito da não previsão expressa do princípio da anualidade na redacção anterior *vide* António Bernardo

Orçamental[43], a qual estatui que o Orçamento do Estado e os orçamentos dos serviços e das entidades que integram o sector das administrações públicas são *anuais*[44].

A. DA GAMA LOBO XAVIER, *Enquadramento Orçamental em Portugal: Alguns problemas,* in Revista de Direito e Economia, n.ºs 1-2, Ano IX, Coimbra, Janeiro-Dezembro 1983, p. 236.

[43] JOAQUIM MIRANDA SARMENTO, *A Nova Lei de Enquadramento Orçamental,* Cadernos IDEFF, n.º 20, Almedina, Coimbra, 2016, pp. 86-88.

A Lei de Enquadramento Orçamental é uma lei de valor reforçado (o que lhe é conferido pelo artigo 4.º, da presente Lei), prevalecendo então sobre todas as restantes normas orçamentais, nos termos do artigo 112.º, n.º 3, da Constituição da República Portuguesa. A Lei de Enquadramento Orçamental é, assim, no quadro da jurisprudência do Tribunal Constitucional, uma Lei–norma, sendo que a Lei do Orçamento do Estado é uma Lei-Medida, sujeita à primeira e, na opinião de alguma doutrina, não tem valor reforçado face às demais leis. Mais, uma lei de valor reforçado não significa que todas as normas da mesma tenham valor reforçado (JOÃO RICARDO CATARINO, *Finanças Públicas e Direito Financeiro,* 2.ª Edição, Almedina, Coimbra, 2014, p. 258). No caso da Lei de Enquadramento Orçamental, TIAGO DUARTE entende que todas as suas normas têm valor reforçado (*A Lei por detrás do Orçamento – A Questão Constitucional da Lei do Orçamento,* Teses, Almedina, Coimbra, 2007). FERNANDO ROCHA ANDRADE entendia que a violação da Lei de Enquadramento Orçamental por norma orçamental traduz-se em uma ilegalidade do orçamento, dada a violação de lei, por sinal, de valor reforçado (*Textos de Finanças Públicas*, Imprensa da Universidade de Coimbra, Coimbra, 2020, p. 62).

As leis de valor reforçado, constituem um "bloco de legalidade qualificada", sendo mesmo "leis paramétricas", que obrigam a que as restantes leis comuns respeitem essa Lei de valor reforçado, sob pena de violarem pelo menos indirectamente a Constituição (CARLOS BLANCO DE MORAIS, *Curso de Direito Constitucional,* Tomo I, Funções do Estado e Poder Legislativo no Ordenamento Português, 3.ª Edição, Coimbra Editora, Coimbra, 2015, p. 361; JORGE MIRANDA, *Anotações aos artigos 108.º a 119.º*, in Constituição Portuguesa Anotada – Volume II, 2.ª Edição Revista, Coord. Jorge Miranda/ Rui Medeiros, Universidade Católica Editora, Lisboa, 2018, p. 301).

[44] Artigo 14.º, n.º 1, da Lei do Enquadramento Orçamental, aprovada pela Lei n.º 151/2015, de 11 de Setembro.

O Artigo 14.°, da Lei de Enquadramento Orçamental estabelece o princípio da *anualidade* e *plurianualidade*, substituindo, sem grandes diferenças, o artigo 4.°, da anterior Lei. O princípio da anualidade (consagrado, constitucionalmente, no Art.° 106.°, n.° 1, da CRP) estabelece que o exercício orçamental é anual (sendo que esse ano económico coincide com o ano civil, mesmo nos casos em que o Orçamento do Estado é entregue já com o ano a decorrer, como veremos posteriormente). Conforme refere GULHERME D'OLIVEIRA MARTINS[45], a anualidade tem uma exigência dupla: a votação anual do Orçamento no Parlamento e a sua execução anual pelo Governo. No entanto, este princípio também estabelece a regra da plurianualidade, dado que determina que os orçamentos dos serviços e das entidades que compõem os subsetores da Administração Central e da Segurança Social integram os programas orçamentais e são enquadrados pela Lei das Grandes Opções em matéria de Planeamento e da Programação Orçamental Plurianual.

No entanto, estabelece-se, no n.° 4, que a existência de um período complementar de execução orçamental, nos termos do decreto-lei de execução orçamental, não viola o princípio da anualidade. O princípio da anualidade justifica-se pelo facto de o período de um ano (e, por norma, o ano civil, como é o caso de Portugal), permitir um controlo mais adequado e regular. Por outro lado, é o período de tempo mais natural em termos de referência económica. PEREIRA ET AL.[46], avança também que um período mais longo traria maior incerteza às projeções económicas e orçamentais. E, acrescentaríamos nós, um período

---

[45] GUILHERME D'OLIVEIRA MARTINS/GUILHERME WALDEMAR D'OLIVEIRA MARTINS/MARIA D'OLIVEIRA MARTINS, *A Lei de Enquadramento Orçamental – Anotada e Comentada,* Almedina, Coimbra, 2009.

[46] PAULO TRIGO PEREIRA, ANTÓNIO AFONSO, MANUELA ARCANJO, J.C. GOMES SANTOS, *Economia e Finanças Públicas*, Escolar Editora, 3.ª Edição Revista, Escolar Editora, Lisboa (3ª edição revista), 2009.

mais longo tornaria muitas medidas obsoletas ou pelo menos desfasadas da realidade. Os autores identificam também críticas ao princípio da anualidade, nomeadamente, pelas decisões que ultrapassam o período anual e o efeito do ciclo económico na política orçamental. No entanto, alguns países optaram por um ano económico e orçamental distinto do ano civil. É o caso dos países anglo-saxónicos, como o Reino Unido, onde o ano orçamental começa por regra em Abril, ou os Estados Unidos, a 1 de Outubro. Contudo, a introdução de uma nova realidade de programas orçamentais estabelece a plurianualidade destes, ou seja, considera-se que a elaboração dos orçamentos deve ser enquadrada na perspetiva plurianual que for determinada pelas exigências da estabilidade financeira e pelas resultantes das obrigações decorrentes do Tratado da União Europeia. Saliente-se, no entanto, que os mapas plurianuais do Orçamento, no que refere às verbas para os anos futuros, são meramente indicativos. As verbas incluídas nesses mapas, e que digam respeito aos próximos anos, apenas são válidas se, naturalmente, forem inscritas no respetivo Orçamento. De outra forma, não teriam cabimento orçamental e não poderiam ser executadas. De acordo com J. Ricardo Catarino[47], os factores que levaram a uma mudança na regra da anualidade, no sentido de também incorporar a plurianualidade, foram a necessidade de desenvolvimento de políticas de conjuntura, a determinação de políticas de médio e longo prazo, com objetivos estruturais, nomeadamente nos investimentos públicos, mas também a necessidade de demonstrar a sustentabilidade financeira do Orçamento.

A regra da anualidade envolve uma dupla exigência: votação anual do Orçamento pelo Parlamento e execução anual do Orçamento pelo Governo e Administração Pública. De acordo com o princípio da anualidade, incluem-se no Orçamento tanto

---

[47] João Ricardo Catarino, *Finanças Públicas e Direito Financeiro*, 2.ª Edição Revista, Actualizada e Aumentada, Almedina, Coimbra, 2014, p. 267.

todas as receitas a cobrar como todas as despesas a realizar, efetivamente, durante o ano, independentemente do momento em que juridicamente tenham nascido (Orçamento de gerência), bem como todos os créditos e débitos originados naquele período orçamental, independentemente do momento em que se venham a concretizar (Orçamento de exercício)[48].

A este propósito, EDUARDO PAZ FERREIRA e MARIA D'OLIVEIRA MARTINS salientam que «O princípio da anualidade consiste na obrigação de uma votação anual do Orçamento do Estado pela Assembleia da República, o qual deve ser executado e controlado com esse horizonte temporal»[49], falando-se igualmente em "*ciclo orçamental*", que corresponde ao conjunto de todas as fases relacionadas diretamente com cada orçamento. O ciclo orçamental tem quatro fases distintas, mas interdependentes: (*i*) elaboração do Orçamento do Estado e da respetiva proposta de lei; (*ii*) discussão e votação da proposta de lei; (*iii*) execução e fiscalização (da Lei) do Orçamento do Estado; (iv) elaboração, discussão, votação e fiscalização da Conta do Estado.

No entanto, não raras vezes, são inseridas no Orçamento do Estado, disposições financeiras de cariz permanente ou mesmo não financeiras, denominadas de "*cavaleiros orçamentais*" (*cavaliers budgétaires* ou *riders*), ou mesmo de "*boleias orçamentais*", uma vez que consistem em medidas legislativas que aproveitam a boleia do Orçamento[50]. Dito por outras palavras, trata-se de matérias

---

[48] GUILHERME WALDEMAR D'OLIVEIRA MARTINS, *Processo e execução orçamental*, in Finanças Públicas da União Europeia, Coord. João Ricardo Catarino/José F. F. Tavares, Almedina, Coimbra, 2012, p. 155.

[49] EDUARDO PAZ FERREIRA/MARIA D'OLIVEIRA MARTINS, *Anotação aos artigos 105.º a 107.º*, in Constituição Portuguesa Anotada, Volume II, 2.ª Edição Revista Actualizada e Ampliada, Coord. Jorge Miranda/Rui Medeiros, Universidade Católica Editora, Lisboa, 2018, p. 252.

[50] Na definição proposta por CARLOS BLANCO DE MORAIS, correspondem a «normas legais que, sendo integradas por razões de pura oportunidade na lei do O.E., revestem um conteúdo completamente anódino ao núcleo orçamental,

inseridas no Orçamento do Estado, mas ainda assim desprovidas de pelo menos um impacto orçamental directo ou que vão para além do ano em questão, sendo antes plurianuais ou mesmo de duração indeterminada, pelo que poderiam e deveriam porventura à partida integrar um processo legislativo autónomo. Nas disposições financeiras de carácter não meramente transitório (anual) mas antes permanente, avultam as normas jurídicas tributárias. No entanto, motivações ditadas pela oportunidade em inseri-las num processo legislativo com economia de esforços e, por outro lado, o propósito de as enquadrar num muito mais amplo debate parlamentar, logo permitindo a sua aprovação mais subtilmente com alguma distracção parlamentar, levam ao seu uso desde os tempos da monarquia constitucional. A este propósito, António Lobo Xavier sustenta que não existe nenhum normativo constitucional ou mesmo legal que obstaculize a inclusão no Orçamento dos cavaleiros orçamentais, sendo que as disposições que regem o conteúdo da proposta do Orçamento «longe de estabelecerem um verdadeiro *numerus clausus* dos elementos do Orçamento, parecem antes indicar o conteúdo necessário daquele documento – porventura um conteúdo que apenas pode ter lugar no Orçamento –, sem impedirem a inclusão de outras matérias»[51].

Por último, refira-se que a doutrina tem considerado que o Orçamento do Estado tem três elementos distintos: um elemento *económico*, na medida em que o Orçamento é um plano financeiro que estrutura e organiza toda a atividade financeira do Estado; um elemento *jurídico*, na medida em que se trata de uma lei com carácter de força obrigatória, e um elemento *político*, no sentido

---

não podendo, como tal, assumir valor reforçado» (*Curso de Direito Constitucional*, Tomo I, Funções do Estado e Poder Legislativo no Ordenamento Português, 3.ª Edição, Coimbra Editora, Coimbra, 2015, p. 361).

[51] António Bernardo A. da Gama Lobo Xavier, *Enquadramento Orçamental em Portugal: Alguns problemas*, in Revista de Direito e Economia, n.ºs 1-2, Ano IX, Coimbra, Janeiro-Dezembro 1983, p. 243.

em que alinha uma estratégia e um conjunto de opções que resultam da vontade de um Governo eleito, sufragada por outro órgão de poder também ele eleito. Nesta matéria, a Assembleia da República, sendo a sede do poder financeiro do Estado[52], exerce, aqui, uma competência exclusiva[53], correspondendo assim o Orçamento uma verdadeira autorização política do órgão representativo de todos os cidadãos, para que o poder político promova a satisfação do interesse público, cobrando as receitas e realizando as despesas entendidas por indispensáveis[54].

4. Capacidade contributiva

A *capacidade contributiva* constitui o pressuposto em que assenta o imposto[55], devendo este último corresponder às capacidades económicas dos contribuintes, independentemente aos benefícios concretos que retiram dos serviços prestados pelo Estado.

O princípio da capacidade contributiva filia-se no princípio constitucional da igualdade (artigo 13.º). Por sinal, a Constituição de 1822, já fazia referência expressa à capacidade contributiva: «As Cortes repartirão a contribuição directa pelos distritos das Juntas de administração, conforme os rendimentos de cada um» (artigo 228., *1.ª parte*)[56].

Este princípio e algumas das suas decorrências serão analisadas com mais detalhe, adiante, mais concretamente no *Capítulo IV*.

---

52 Diogo Freitas do Amaral, *Uma Introdução à Política*, Bertrand Editora, Lisboa, 2014, p. 131.

53 Artigo 161.º, alínea g), da Constituição da República Portuguesa.

54 João Ricardo Catarino, *Finanças Públicas e Direito Financeiro*, 2.ª Edição Revista, Actualizada e Aumentada, Almedina, Coimbra, 2014, p. 248.

55 Artigo 4.º, n.º 1, da LGT.

56 A *Constituição Italiana* refere que «Todos têm a obrigação de contribuir para as despesas públicas na medida de sua capacidade contributiva» (artigo 53).

5. A finalidade do imposto

O imposto tem como finalidade tradicional a arrecadação de receitas, tendo em vista a satisfação das necessidades financeiras do Estado e demais entidades públicas (elemento teleológico). Na observação de JOÃO RICARDO CATARINO «Sem receitas não há Estado. Esta evidência demonstra a essencialidade das receitas para o funcionamento do Estado. A receita pública permite ao Estado agir, isto é produzir ou contratar a produção de bens públicos que sirvam os interesses das populações visando o bem-estar colectivo»[57].

No entanto, o produto das receitas de impostos não pode afectar-se apenas à cobertura de certas e determinadas despesas, destinando-se antes à *generalidade* das despesas, em ordem ao comummente designado de princípio da *não consignação* orçamental[58]. Isto significa que a totalidade das receitas do Orçamento deve servir para financiar a totalidade das suas despesas[59].

Em 2021, de acordo com o Boletim mensal de execução orçamental da DGO de Janeiro de 2022, a execução da receita fiscal foi a seguinte:

Imposto	**Montante (M €)**
Impostos Diretos	19 955
IRS	14 541
IRC	4 924
Outros	490
Impostos Indiretos	25 570
IVA	17 664

---

[57] JOÃO RICARDO CATARINO, *Finanças Públicas e Direito Financeiro*, 2.ª Edição Revista, Actualizada e Aumentada, Almedina, Coimbra, 2014, p. 418.

[58] Artigo 16.°, n.° 1, da Lei do Enquadramento Orçamental.

[59] JOAQUIM MIRANDA SARMENTO, *A Nova Lei de Enquadramento Orçamental*, Cadernos IDEFF, n.° 20, Almedina, Coimbra, 2016, p. 90.

ISP	3 364
ISV	423
Imposto sobre o Tabaco	1 414
IABA	258
Imposto de Selo	1 777
IUC	401
Outros	270

II

AS TAREFAS FUNDAMENTAIS DO ESTADO DE DIREITO DEMOCRÁTICO E SOCIAL E A TRIBUTAÇÃO

1. Enquadramento

O Estado português actual é um Estado de Direito Democrático e Social, sendo este modelo considerado como «aquele que – de entre todos os modelos ensaiados até hoje – melhor assegura, por um lado, a *Democracia* e o *Estado de Direito* e, por outro, a *eficiência produtiva* da economia de mercado combinada com a justiça social na *distribuição da riqueza* produzida»[60].

As tarefas fundamentais do Estado (artigo 9.°, da Constituição da República Portuguesa)[61] implicam a realização de despesas

---

[60] Diogo Freitas do Amaral, *Uma Introdução à Política*, Bertrand Editora, Lisboa, 2014, p. 86.

[61] São *tarefas fundamentais* do Estado (artigo 9.° da Constituição da República): a) Garantir a independência nacional e criar as condições políticas, económicas, sociais e culturais que a promovam; b) Garantir os direitos e liberdades fundamentais e o respeito pelos princípios do Estado de direito democrático; c) Defender a democracia política, assegurar e incentivar a participação democrática dos cidadãos na resolução dos problemas nacionais; d) Promover o bem-estar e a qualidade de vida do povo e a igualdade real entre os portugueses, bem como a efectivação dos direitos económicos, sociais, culturais e ambientais, mediante a transformação e modernização das estruturas

públicas de modo a assegurar o funcionamento dos serviços públicos, como a saúde, a educação, a segurança, a defesa nacional, a diplomacia, a justiça, a cultura, entre muitos outros.

2. As "falhas de mercado"

O motivo pelo qual o Estado providencia esses serviços reside muitas vezes naquilo que se designa por "*falhas de mercado*"[62]. Ou seja, entre as diferentes razões, encontramos o facto de, apesar de, muitas vezes, estes projectos não serem rentáveis do ponto de vista estritamente financeiro, as externalidades positivas fazem com que o projecto deva ser executado. Os projectos públicos têm um outro tipo de vantagem, a qual não é medida propriamente pelo lucro ou pelo mero valor financeiro que geram. Trata-se de benefícios de ordem social, como a redução do analfabetismo, a melhoria concreta das condições de saúde da população ou a redução da sinistralidade. Estes beneficios têm um valor económico, mas nem sempre esse valor pode ser expresso em moeda (euros), e nem sempre se traduz por receitas directamente associa-

---

económicas e sociais; e) Proteger e valorizar o património cultural do povo português, defender a natureza e o ambiente, preservar os recursos naturais e assegurar um correcto ordenamento do território; f) Assegurar o ensino e a valorização permanente, defender o uso e promover a difusão internacional da língua portuguesa; g) Promover o desenvolvimento harmonioso de todo o território nacional, tendo em conta, designadamente, o carácter ultraperiférico dos arquipélagos dos Açores e da Madeira; h) Promover a igualdade entre homens e mulheres.

[62] Eduardo Paz Ferreira, *Ensaio de Finanças Públicas*, Almedina, Coimbra, 2020, pp. 42-52; Nazaré da Costa Cabral/Guilherme Waldemar D'Oliveira, *Finanças Públicas e Direito Financeiro*, 1.ª Reimpressão, AAFDL, Lisboa, 2014, pp. 19-42; e Maria D'Oliveira Martins, *Lições de Finanças Públicas e Direito Financeiro*, 3.ª Edição Revista e Actualizada, Almedina, Coimbra, 2015, pp. 23-34.

das ao projeto. Por exemplo, uma estrada que reduza o tempo de deslocação de pessoas e mercadorias e, simultaneamente, a sinistralidade, terá um impacto positivo no nível e qualidade de vida das pessoas que utilizam essa via. Adicionalmente, compete ao Estado garantir o acesso universal a certo tipo de bens e serviços de interesse geral, como a Saúde[63] e a Educação[64]. A não ser assim, onerar directamente os cidadãos por esses custos resultaria, em termos práticos, na exclusão inaceitável de uma parte da população. Por sinal, o princípio constitucional da dignidade da pessoa humana fundamenta não apenas os *limites* ao poder de tributar, mas igualmente o dever inato de solidariedade obrigatória entre cidadãos.

No caso de infraestruturas releva ainda o motivo segundo o qual, tratando-se de um investimento elevado, a sua rentabilidade pode ser apenas de longo prazo e, como tal, de difícil execução pelo sector privado. Além do mais, o investimento e prestação deste tipo de serviços é crucial para o desenvolvimento económico, o bem-estar e a qualidade de vida, assim como para a correcção de desigualdades e assimetrias, quer sociais, quer regionais.

Desta forma, podemos resumir a intervenção do Estado, no que diz respeito às "*falhas de mercado*", como sendo a provisão de bens públicos (por exemplo, defesa nacional, segurança, iluminação pública), externalidades positivas (educação, saúde ou infraes-

---

63 Todos têm direito à proteção da saúde e o dever de a defender e promover (artigo 64.°, n.° 1, da Constituição da República Portuguesa).

64 O Estado promove a democratização da educação e as demais condições para que a educação, realizada através da escola e de outros meios formativos, contribua para a igualdade de oportunidades, a superação das desigualdades económicas, sociais e culturais, o desenvolvimento da personalidade e do espírito de tolerância, de compreensão mútua, de solidariedade e de responsabilidade, para o progresso social e para a participação democrática na vida colectiva (artigo 73.°, n.° 2, da Constituição da República Portuguesa). É comum dizer-se: "A educação custa dinheiro. Mas a ignorância também custa", não se pensando, muitas vezes, nos custos futuros da ignorância.

truturas básicas), externalidades negativas (associadas à cobrança de impostos especiais sobre o consumo, como o imposto sobre o tabaco ou sobre os produtos petrolíferos – impostos pigouvianos) ou por motivos de concorrência imperfeita ou informação assimétrica (funções de regulação e supervisão)[65].

---

[65] Conforme refere a UTAO: «Através da função afectação, o orçamento do sector público envolve-se no fornecimento de bens e serviços à comunidade. Este envolvimento pode acontecer de duas maneiras: através da produção por parte de uma entidade das AP ou da concessão de um incentivo financeiro ao sector privado para que os consumidores ou os produtores mudem as suas escolhas e convirjam para determinado cabaz de quantidades de bens e serviços. Em ambos os casos, acontece provisão (ou fornecimento) pública. Em ambos os casos, as AP criam um circuito físico de bens e fatores de produção com o sector privado, bem como um circuito financeiro com o mesmo, que é a contrapartida pecuniária daquele. A racionalidade económica da função afetação decorre da incapacidade de, em certas circunstâncias, o mercado prover as quantidades socialmente ideais, como o parágrafo seguinte dispõe. A provisão pública pode ser interessante perante uma falha do mercado, mas nem sempre consegue induzir uma afetação eficiente de bens e serviços. Numa economia de mercado, o sistema de preços induz os consumidores e os produtores a contratarem entre si as quantidades de bens e serviços. Na ausência de falhas do mercado, as quantidades transacionadas são socialmente ótimas. Isto significa que maximizam o bem-estar social, não havendo outras que melhorem a satisfação de um agente sem prejudicar a de outro.11 Na realidade, podem ocorrer falhas de mercado, isto, é, situações em que as quantidades transacionadas no mercado não são eficientes (no sentido de Pareto). As causas possíveis são diversas podendo, por exemplo, assumir as formas de informação incompleta, externalidades, poder de mercado assimétrico entre compradores e vendedores, tecnologias com economias de escala ou ainda direitos de propriedade indefinidos. Na presença de uma falha concreta do mercado, poderá haver condições para uma provisão pública indutora da afetação socialmente eficiente, dirigida à superação daquela causa» (Relatório do OE2020)

3. As despesas públicas e a arrecadação de impostos

A realização das despesas consideradas essenciais num Estado Social[66], justifica a arrecadação de um volume significativo de receitas tributárias para os cofres do Estado[67], o que leva J. Freitas da Rocha a considerar que «Daqui se depreende a natureza instrumental e funcional dos tributos em geral e dos impostos em particular, os quais apenas podem ser exigidos na prévia presença de necessidades colectivas a satisfazer e de despesas públicas a efec-

---

[66] No modelo de Estado mínimo, as despesas públicas têm apenas a finalidade de possibilitar o exercício de funções muito restritas, recusando-se ao Estado legitimidade para intervir na economia (João Ricardo Catarino, *Para uma teoria política do tributo*, in Cadernos da Ciência e Técnica Fiscal n.° 184, Ministério das Finanças, Direcção-Geral dos Impostos, Centro de Estudos Fiscais, Lisboa, 1999, p. 198). Trata-se de um modelo actualmente impraticável nesses exactos termos, dadas as legítimas expectativas sociais dos cidadãos, além do Estado funcionar hoje igualmente como um órgão de redistribuição da riqueza. Assim, a Constituição da República Portuguesa, além de consagrar um extenso elenco de direitos sociais, vai mais longe, impõe mesmo ao Estado tarefas muito concretas em ordem à sua realização efectiva (J. C. Vieira Dde Andrade, *O Papel do Estado na Sociedade e na Socialidade*, in Estudos em Homenagem ao Conselheiro Presidente Rui Moura Ramos, Volume I, Almedina, Coimbra, 2016, p. 242).

[67] Jónatas Machado e Paulo Nogueira da Costa realçam que «Para que o Estado possa desempenhar as tarefas que lhe estão constitucionalmente cometidas necessita de recursos financeiros suficientes. Assim, a existência do Estado implica, necessariamente, a mobilização de recursos financeiros, que podem ser obtidos por diversas vias. Atualmente, a via mais importante é, sem dúvida, a fiscal, através da cobrança de impostos» (*Manual de Direito Fiscal – Perspectiva Multinível*, Almedina, Coimbra, 2016, p. 11. No entanto, as decisões governativas devem ser sustentáveis, sem necessidade de realocação de outros recursos públicos adicionais (Miguel Prata Roque, *Tratado de Governação Pública*, Volume I, AAFDL Editora, Lisboa, 2021, p. 57).

No Estado liberal, a sustentabilidade financeira resume-se, na prática, á sustentabilidade do mesmo, dado que a despesa pública limitando-se ao quantitativo das receitas provenientes dos impostos arrecadados (J. Casalta Nabais, *Problemas Nucleares de Direito Fiscal*, Almedina, Coimbra, 2020, p. 149)

tuar, igualmente se depreendendo a necessária precedência destas últimas em relação às receitas (e não o oposto)»[68]. Sintetizando: «Todos os direitos têm custos públicos»[69], a suportar fundamentalmente pelo pagamento dos impostos pelos contribuintes[70]. No entanto, em boa verdade, não se pode exigir *boa fé* no cumprimento do dever fundamental de pagar impostos sem uma relação de confiança assente de que o Estado vai cumprir as suas *tarefas fundamentais* e essas implicam custos financeiros decorrentes de sacrifícios económicos exigidos por *lei* aos cidadãos-contribuintes. Porém, dado o imposto não ter o sinalagma como pressuposto, não é lícito invocar a *excepção de não cumprimento,* aplicável esta nos contratos bilaterais quando não houver prazos diferentes para o cumprimento das prestações, tendo então cada um dos contraentes a faculdade de recusar a sua prestação enquanto o outro não efectuar a que lhe cabe ou não oferecer o seu cumprimento simultâneo[71]. Trata-se de um meio de autotutela que permite a

---

[68] J. Freitas da Rocha, *Direito da Despesa Pública*, Almedina, Coimbra, 2019, p. 52.

Sempre que um direito elementar dos cidadãos estiver em risco por ausência ou insuficiência gravosa de meios, o *Estado* está vinculado a assegurar os recursos económicos elementares que possibilitem o exercício da liberdade tutelada por esse direito.

[69] J. Casalta Nabais, *Por uma liberdade com responsabilidade – Estudos sobre direitos e deveres fundamentais*, Coimbra Editora, Coimbra, 2007, pp. 176-179.

[70] Segundo o Papa Francisco, «os cobradores de impostos correm o risco de ser vistos na sociedade como um inimigo do qual se proteger. E infelizmente, uma certa cultura de desconfiança pode alargar-se àqueles que são encarregados de fazer respeitar a lei. No entanto, é uma tarefa fundamental, pois a legalidade tutela todos. É uma garantia de igualdade. As leis permitem manter um princípio de equidade onde a lógica dos interesses gera desigualdades» (*Discurso à Delegação da Agência de Receita* – Sala Clementina, 31 de Janeiro de 2022).

[71] Artigo 428.°, n.° 1 do Código Civil.

Paulo Marques, *Elogio do Imposto – A Relação do Estado com os Contribuintes*, Coimbra Editora, Coimbra, 2010, p. 66.

oposição extrajudicial duma excepção, impedindo-se unilateralmente o exercício de um direito[72].

As despesas implicam, necessariamente, amplos custos financeiros decorrentes de sacrifícios económicos exigidos por *lei*[73] aos contribuintes, daí que os cidadãos têm o direito (e mesmo

---

Cada um dos contraentes tem a faculdade de recusar a sua prestação enquanto o outro não efectuar a que lhe cabe ou não oferecer o seu cumprimento simultâneo (artigo 428.°, n.° 1, do Código Civil), constituindo então a excepção de não cumprimento do contrato um meio de assegurar o cumprimento das obrigações sinalagmáticas (José João Abrantes, *A excepção de não cumprimento do contrato*, 2.ª Edição, Almedina, Coimbra, 2012, pp. 46-59), o que não sucede com o imposto, o qual constitui uma prestação *unilateral*, isto é, «sem contraprestação pública directa e imediata» (Ana Paula Dourado, *Direito Fiscal – Lições*, 6.ª Edição, Almedina, Coimbra, 2021, p. 50). No entanto Eduardo Paz Ferreira destaca lucidamente que «O rendimento real está assim condicionado pela obtenção de um equilíbrio adequado entre Estado e cidadãos que assenta também na medida em que os particulares sentem que seus objectivos e ideais estão a ser levados em conta» (*Ensaio de Finanças Públicas*, Almedina, Coimbra, 2020, p. 115). O princípio da boa administração, com base em critérios de eficiência, economicidade e celeridade (artigo 5.°, n.° 1, do CPA) impõe o dever de a administração prosseguir da melhor forma possível do ponto de vista técnico e financeiro o interesse público e a satisfação das necessidades colectivas (Marcelo Rebelo de Sousa/André Salgado de Matos, *Direito Administrativo Geral, Tomo I, Introdução e princípios fundamentais*, 2.ª Edição, Dom Quixote, Lisboa, 2006, p. 205; Diogo Freitas do Amaral, *Curso de Direito Administrativo – Vol. II*, 3.ª Edição, Almedina, Coimbra, 2016, p. 35; e Miguel Prata Roque, *Tratado de Governação Pública*, Volume I, AAFDL Editora, Lisboa, 2021, pp. 63-72). A *Constituição Espanhola* estabelece que «*El gasto público realizará una asignación equitativa de los recursos públicos, y su programación y ejecución responderán a los criterios de eficiencia y economia*» (artigo 31.2).

[72] J. Lebre de Freitas, *Anotação aos Artigos 817.° a 826.°*, in Código Civil Anotado, Volume I, (Artigos 1.° a 1250.°), Coord. Ana Prata, Almedina, Coimbra, 2017, p. 1030.

[73] Os impostos são criados por *lei*, que determina a incidência, a taxa, os benefícios fiscais e as garantias dos contribuintes (artigo 103.°, n.° 2, da Constituição), exigindo a Constituição em relação aos elementos essenciais da

o dever) de exigir que o Estado utilize de modo rigoroso os recursos postos à sua disposição pelos contribuintes cumpridores.

No entanto, no moderno Estado Social de Direito Democrático, está afastada a concepção algo vetusta de que ao Estado estão apenas reservadas funções de soberania e de autoridade (*ius imperii*), restando todas as outras funções, mesmo de interesse público, à sociedade civil. O dinamismo desta última facilita, sem margem para dúvidas, o escrutínio em democracia e fomenta o diálogo informado e a reflexão crítica relativamente ao bem comum. No entanto, em face das inevitáveis "falhas de mercado", não é possível à sociedade civil responder com eficácia e sobretudo, com justiça material, a todas as necessidades públicas.

Naturalmente, as últimas décadas conheceram o aumento da despesa pública enquanto resultado lógico do aumento ocorrida nas funções sociais do Estado e da melhoria das condições económico-sociais que abrangem hoje grande parte da população portuguesa, mas também, por outro lado, do crescente desequilíbrio demográfico, com o envelhecimento populacional (Portugal passou de menos de meio milhão de pensionistas para cerca de 3 milhões no espaço temporal de 50 anos). Assim, quando olhamos para os últimos anos, e atendendo à classificação funcional da despesa[74/76], verificamos que as funções sociais (educação, saúde,

---

relação jurídica do imposto, o *autoconsentimento* expresso na representatividade democrática do Parlamento.

[74] Tal como se infere pela designação, a classificação *funcional* agrupa as despesas públicas segundo as funções do Estado, isto é, divide-as de acordo com a classe de serviço prestado à sociedade, no âmbito do qual são realizadas (serviços gerais da Administração Pública, Defesa Nacional, Educação, Saúde, Segurança Social, Cultura, Agricultura, Pecuária, Indústria e Energia, Comércio, entre outros).

A classificação funcional, como agora a conhecemos, segue o esquema adoptado pelo F.M.I. (Fundo Monetário Internacional), dividindo as despesas em quatro grandes categorias de funções, designadamente: 1.ª) Funções Gerais de Soberania – Constituídas pelo conjunto de funções que compreendem as

segurança e acção social, habitação e cultura), representam mais de metade da despesa do Estado, atingindo valores acima dos 25% do PIB. Já as funções de soberania, representando cerca de 4% do PIB, valem cerca de 10% da despesa pública.

---

atividades da administração; esta função não se dirige a um grupo específico de cidadãos ou unidades económicas; 2.ª) Funções Sociais – Funções que mais preocupações trazem ao Estado, uma vez que abrangem serviços que estão diretamente relacionados com os cidadãos e com a satisfação das suas necessidades. Trata de áreas como a Educação, a Saúde, a Segurança Social, a Habitação, entre outras; 3.ª) Funções Económicas – Estão diretamente relacionadas com as despesas para o desenvolvimento económico do país, a correção das assimetrias regionais, a criação de emprego e o desenvolvimento do comércio e do turismo; 4.ª) Outras Funções – Abrange o conjunto de despesas que, devido à sua natureza, não se integram em qualquer uma das funções anteriores. É o caso das operações da dívida pública e das transferências entre administrações (o organismo que transfere o dinheiro desconhece qual a aplicação funcional que lhe vai ser dada pelo organismo que o recebe).

A classificação funcional é feita através de um código de três dígitos, representando três níveis: 1) O primeiro nível (primeiro dígito) estabelece a categoria do grupo de funções, o objetivo geral, a grande função das despesas; 2) O Segundo nível (segundo dígito) define a função, ou grupo de subfunções, ou mais concretamente os meios através dos quais se atingem os objetivos, ou as grandes funções; 3) O terceiro nível (terceiro dígito) designa a subfunção, a composição ou conteúdo das funções.

Ao contrário da classificação orgânica, a classificação funcional não sofre alterações com mudanças no Governo, mantendo-se estável desde há muitos anos. Desta forma, a rubrica funções sociais, a título de exemplo, contempla toda a despesa com estas áreas, independentemente da organização dos ministérios poder, por exemplo, juntar a educação e o ensino superior num único ministério ou criar dois. Desta forma, é possível saber quanto é que o Estado gasta nas suas áreas de intervenção.

[75] O artigo 17.º, da Lei de Enquadramento Orçamental estabelece o princípio da *especificação*, ou seja, que as despesas são estruturadas por programas, por fonte de financiamento e por classificadores orgânico, funcional e económico; por sua vez, as receitas são especificadas por classificador económico e por fonte de financiamento. Este princípio determina, assim, que as receitas e despesas inscritas no Orçamento devem ser convenientemente discriminadas

Por outro lado, o legislador considera que o interesse público não tem que ser necessária e exclusivamente prosseguido por órgãos da administração[76], daí o Código do Procedimento Administrativo, actualmente já não fazer constar no seu artigo 148.°, como elemento essencial do acto administrativo, a sua origem em «órgãos da administração»[77]. Desapareceu, assim, a referência expressa ao tradicional elemento *orgânico* da autoria do acto administrativo, colocando-se agora a ênfase na "*função* administrativa"[78]. Pelo que o Estado e a sociedade civil devem

---

e individualizadas, de forma a que qualquer utilizador dessa informação possa conhecer a sua origem e destino. Sem especificação, estamos em crer que o Orçamento do Estado perderia o seu sentido, não sendo possível determinar quais os fins e objetivos da despesa pública. Seria uma grave situação no que diz respeito à transparência, rigor e eficiência que se pretende da utilização dos recursos públicos. A verificação desta regra permite um maior e mais efetivo controlo por parte do Parlamento e do Tribunal de Contas. No entanto, a obrigatoriedade constitucional da regra da especificação, ao imprimir rigidez à execução orçamental, levou a que se constituísse um fator de flexibilidade, através da dotação previsional. Saliente-se, no entanto, o regime específico previsto pelo n.° 3, do artigo 17.°, da Lei de Enquadramento Orçamental: São nulos os créditos orçamentais que possibilitem a existência de dotações para utilização confidencial ou para fundos secretos, sem prejuízo dos regimes especiais legalmente previstos de utilização de verbas que excecionalmente se justifiquem por razões de segurança nacional, autorizados pela Assembleia da República, sob proposta do Governo.

[76] J. C. Vieira de Andrade, *Comentário ao Artigo 148.°*, Comentários à Revisão do Código do Procedimento Administrativo, Fausto de Quadros/ José Manuel Sérvulo Correia/Rui Chancerelle de Machete/José Carlos Vieira de Andrade/Maria da Glória Dias Garcia/Mário Aroso de Almeida/António Políbio Henriques/José Miguel Sardinha, Almedina, Coimbra, 2016, p. 297; Paulo Otero, *Direito do Procedimento Administrativo*, Volume I, Almedina, Coimbra, 2016, p. 313.

[77] Actualmente, a lei fala em «poderes jurídico-administrativos» (artigo 148.°, do CPA).

[78] Lourenço B. Manoel Vilhena de Freitas, *Direito do Procedimento Administrativo e Formas de Actuação da Administração*, AAFDL, Lisboa, 2016, p. 136.

coexistir harmonicamente, cimentando uma relação tendencialmente paritária, em ordem ao interesse público[79] consagrado na Constituição e na lei.

Cfr. Marta Portocarrero, *Contratos sobre o exercício de poderes públicos, transação e arbitragem – Ensaio sobre disponibilidade e indisponibilidade do poder administrativo*, Universidade Católica Editora, Porto, 2015, pp. 332-333.

[79] Artigos 266.°, n.° 1, da Constituição da República Portuguesa e 4.°, do CPA.

III
A REDISTRIBUIÇÃO DOS RENDIMENTOS E DA RIQUEZA POR VIA DOS IMPOSTOS: PROGRESSIVIDADE VS. PROPORCIONALIDADE

1. Enquadramento

O Estado Fiscal assume actualmente uma não menos importante função de *redistribuição*[80] dos rendimentos e da riqueza[81], com

[80] A propósito do Estado democrático e social, Diogo Freitas do Amaral acentuava que «[o] esquema básico consiste em tributar fortemente os mais ricos e as classes mésias com rendimentos substanciais para, através do orçamento, redistribuir essas receitas públicas mediante despesas sociais que favoreçam os mais pobres e as classes médias com rendimentos baixos, nomeadamente através do serviço nacional de saúde, do sistema de segurança social, da escola pública, da habitação económica, dos passes sociais nos transportes colectivos, do subsídio de desemprego, do rendimento mínimo garantido, etc» (*Uma Introdução à Política*, Bertrand Editora, Lisboa, 2014, p. 86)

O sector das Administrações Públicas inclui todas as unidades institucionais cuja função principal consiste em produzir bens e serviços não mercantis destinados ao consumo individual e coletivo e/ou em efectuar operações de *redistribuição* do rendimento e da riqueza nacional. Os recursos principais destas unidades provêm de pagamentos obrigatórios (impostos) efetuados por unidades pertencentes a outros sectores e recebidos direta ou indiretamente.

[81] Artigo 103.º, n.º 1, da Constituição da República Portuguesa.

Conforme refere a UTAO: «A função redistribuição consiste na utilização do orçamento público para alterar deliberadamente a distribuição dos níveis de satisfação individuais resultantes do funcionamento espontâneo do mercado. Cada cidadão tem uma opinião quanto à distribuição de bem-estar

manifestos ganhos para as populações, em especial para os cidadãos mais desfavorecidos[82], por razões de justiça social, em ordem à correcção dos resultados da repartição primária dos rendimentos operada pelo funcionamento do mercado[83]. Por exemplo,

---

entre as pessoas. Se não gostar da distribuição existente, poderá desejar a sua alteração. Nas sociedades modernas, as pessoas delegam no poder político o poder de modificar uma determinada distribuição de bem-estar. Este promove redistribuições alterando as dotações de recursos dos indivíduos (património imobiliário, obras de arte, património financeiro, capacidade de trabalho, etc.). Retira dotações a uns agentes para as entregar a outros. No âmbito de uma economia de mercado, os sistemas de segurança social e a política fiscal são os meios redistributivos por excelência. Como as dotações de alguns recursos não são observáveis e o confisco de património é geralmente considerado inaceitável, os Estados têm construído soluções fiscais baseadas na disponibilidade a pagar. É por esta razão que os objetivos redistributivos estão habitualmente cometidos, para além dos subsídios da segurança social, a impostos sobre o rendimento, a impostos indiretos e ainda à tributação de benefícios gerados pela provisão pública de bens ou serviços. Exemplos de impostos sobre benefícios podem ser um tributo específico sobre a valorização provocada pela abertura ao tráfego de um novo aeroporto na propriedade imobiliária vizinha da infraestrutura e a cobrança coerciva de uma taxa de utilização de uma rodovia (portagem). A diferenciação de taxas destes tributos entre beneficiários pode ter efeitos redistributivos, dependendo de como for implementada. No primeiro exemplo, se a taxa for tanto mais baixa quanto mais caro for o imóvel antes da valorização estimada, então o tributo poderá ser regressivo; tudo depende da correlação entre a riqueza imobiliária e o rendimento no território beneficiado pelo aeroporto».

[82] Na observação de Sérgio Vasques «o conteúdo essencial do princípio do Estado Social se resume na garantia de condições de vida condignas a toda a população assim como na redistribuição da riqueza em benefício dos mais carenciados. À semelhança da generalidade das democracias modernas, o Estado português não se ocupa apenas em promover uma igualdade de oportunidades à partida, preocupando-se também em proteger aqueles que à chegada fiquem em posição mais desfavorecida» (*Manual de Direito Fiscal*, Almedina, Coimbra, 2015, pp. 316-317).

[83] Nazaré da Costa Cabral/Guilherme Waldemar D'Oliveira, *Finanças Públicas e Direito Financeiro*, 1.ª Reimpressão, AAFDL; Lisboa, 2014, p. 26.

a tributação directa deve ter em conta a doença, velhice[84] ou outros casos de redução da capacidade contributiva (*ability to pay*) do sujeito passivo[85]. Já JOHN RAWLS, filósofo político americano do Século XX, por exemplo, aludia ao denominado «*princípio da diferença*», igualmente denominado comummente por «princípio da discriminação equitativa», o qual admitia inclusivamente vantagens para os membros da sociedade menos favorecidos, para «*tornar melhor a situação dos que vivem pior*»[86]. Deste modo solidário, partilham-se os riscos sociais (ex: desemprego, pobreza, doença, etc), sendo uma responsabilidade *individual* de cada um contribuir para o bem comum.

Uma importante concretização da redistribuição da riqueza (justiça distributiva)[87] tem que ver ainda com a tributação do ren-

---

[84] Como sublinham DIOGO LEITE DE CAMPOS, BENJAMIM SILVA RODRIGUES e JORGE LOPES DE SOUSA «A doença e a velhice traduzem-se, normalmente, em diminuição da capacidade contributiva. Perante rendimentos iguais, os doentes e os idosos têm, normalmente, maiores despesas» (*Lei Geral Tributária Anotada e Comentada*, 4.ª Edição, Encontro da Escrita, Lisboa, 2012, p. 100).

[85] Artigo 6.º, n.º 1, alínea c), da LGT.

PAULO MARQUES, *A pessoa idosa na fiscalidade – algumas breves notas*, in Direito e Direitos dos Idosos, Coord. Carla Amado Gomes/Ana F. Neves, AAFDL Editora, Lisboa, 2020, pp. 253-267; JORGE MIRANDA, *A Constituição e os direitos dos idosos – Brevíssima nota*, in Estudos Comemorativos dos 20 Anos da FDUP, Volume I, Org. Helena Mota/Juliana Ferraz Coutinho/ Maria Raquel Guimarães/Miguel Pestana de Vasconcelos/Paulo de Tarso Domingues/Rute Teixeira Pedro, Almedina, Coimbra, 2017, pp. 759-769.

[86] DIOGO FREITAS DO AMARAL, *História do Pensamento Político Ocidental*, Almedina, Coimbra, 2011, pp. 722-723 e 731.

[87] Segundo o Papa Leão XIII o Estado deve «cuidar igualmente de todas as classes de cidadãos, observando rigorosamente as leis da chamada justiça distributiva» (*Rerum Novarum*, in Caminhos da Justiça e da Paz, 4.ª Edição, Editora rei dos Livros, Lisboa, 2002, p. 57).

A justiça comutativa traduz a ideia de permuta e de equivalência entre o que se dá e o que se recebe, enquanto a justiça distributiva remete para uma distribuição de encargos em função da capacidade de cada um.

dimento das pessoas singulares apostar essencialmente[88] em taxas *progressivas*[89] (artigo 68.º do Código do IRS). Em outros impostos, as taxas são proporcionais, a respetiva taxa é a mesma, não variando em função da matéria tributável (ex: IVA, IMI e IRC). Embora no caso do IRC, desde 2009 com a aprovação (que se previa temporária, mas que não só se mantém como foi sendo agravada) da derrama estadual, os lucros acima de 1,5 milhões de € tenham passado a ter três escalões adicionais de tributação, dando ao IRC alguma conotação de "progressividade" (embora não tenha naturalmente as características que tornam o IRS um imposto progressivo, e que não se resumem apenas às taxas)[90]. No caso da progressividade, aumenta a própria taxa à medida que aumenta o rendimento colectável, ajustando-se, por conseguinte, o imposto às distintas capacidades contributivas[91]. Por esta

[88] No entanto, por exemplo, as taxas liberatórias (artigo 71.º, do Código do IRS) constituem uma entorse na progressividade no IRS, por razões essencialmente de praticabilidade.

[89] As taxas do IMT são também progressivas (artigo 17.º, do Código do IMT).

[90] De acordo com Joaquim Miranda Sarmento/Ricardo Nunes/Marta Morais Pinto: «O quantitativo do lucro tributável que exceder 1 500 000 € é dividido em 3 escalões. Assim, se o lucro tributável de uma empresa for superior a 35 000 000 €, o seu valor será dividido em três escalões, primeiro, o valor que exceder os 35 000 000 € ao qual se irá aplicar a taxa de 9% (era de 7% até 2017, inclusive), depois, o valor que exceder os 7 500 000 € até aos 35 000 000 €, o qual irá ficar sujeito à aplicação da taxa de 5% e, por fim, o valor que exceder 1 500 000 € até aos 7 500 000 €, a que se aplicará a taxa de 3%» (*Manual Teórico-Prático de IRC*, Almedina, Coimbra, 2021, p. 197).

[91] Na opinião de Benjamim Silva Rodrigues «só afectando ao pagamento dos impostos uma fracção crescente dos bens de que os cidadãos dispõem para a satisfação das suas necessidades, se tenderá para a igualação de rendimentos e de riqueza que evidencia a medida de capacidade de satisfação das necessidades» (*Proporcionalidade e progressividade no IRS*, in Estudos em Homenagem ao Conselheiro José Manuel Cardoso da Costa, Coimbra Editora, Coimbra, 2003, p. 866).

via, opera-se a redistribuição de rendimento em favor dos mais desfavorecidos. A progressividade[92], das taxas gerais do imposto sobre o rendimento pessoal, visa a diminuição das desigualdades, num imposto tendencialmente único e progressivo, tendo em conta as necessidades e os rendimentos do agregado familiar[93], correspondendo a um imperativo constitucional expresso (artigo 104.°, n.° 1 da Constituição da República Portuguesa).

A progressividade implica que a variação percentual do rendimento é inferior à variação percentual da colecta do imposto. Isto é, se um determinado individuo ganha 1.000 e tem uma taxa média de imposto de 20% (pagando 200), uma subida no seu rendimento de 10% (ou seja, mais 100) corresponderá sempre a uma subida do imposto superior a 10% (ou seja, ao invés de pagar 220 – que seria o correspondente ao aumento de 10% no valor do imposto – passa a pagar mais do que os 220).

2. As principais modalidades de taxas de imposto

Uma das questões mais discutidas sobre o imposto sobre o rendimento é a da proporcionalidade *versus* a progressividade. Para o enquadramento desta questão, começamos por referir que são possíveis quatro tipos principais de taxas de imposto sobre o rendimento: a *proporcional* ("*pura*"); a taxa *fixa*, a taxa *progressiva* e o imposto *negativo* sobre o rendimento.

O imposto proporcional "puro" (vamos designar apenas *proporcional*, mas também é frequentemente denominado de "imposto

---

92 A Constituição Italiana foi indiscutivelmente mais longe, estabelecendo que «O sistema tributário é inspirado nos critérios de progressividade» (artigo 53.°).

93 Incumbe ao Estado para protecção da família, regular os impostos e os benefícios sociais, de harmonia com os encargos familiares (artigo 67.°, n.° 2, alínea f), da Constituição da República Portuguesa)

fixo sobre o rendimento "), é composto por uma taxa *única* de imposto sem limite de isenção fiscal, ao contrário, como veremos da "*flat rate*" – e essa é a principal diferença entre ambos. O imposto proporcional é, portanto, um imposto único (10%, 15%, 20%, ...) sem isenção fiscal para um determinado limite de rendimento. O imposto funciona assim:

Pessoa A	Pessoa B
Rendimento bruto: 100.000 Taxa de imposto: 20% Imposto sobre o rendimento: 20.000 Rendimento líquido: 80.000	Rendimento bruto: 10.000 Taxa de imposto: 20% Imposto sobre o rendimento: 2.000 Rendimento líquido: 8.000

Podemos ver que antes do imposto, a pessoa A tem 10 vezes mais rendimento do que a pessoa B. Apesar de A estar a pagar mais impostos (20 mil contra 2 mil), a diferença após impostos mantém-se em 10 vezes. Isto significa que uma taxa de imposto proporcional não tem impacto na redução das desigualdades. No entanto, pode-se argumentar mesmo que é regressivo, isto é, aumenta inclusivamente a desigualdade. As razões para este entendimento são basicamente duas: Em primeiro lugar, o dinheiro como qualquer outro bem está sujeito à lei da utilidade marginal decrescente. Isto significa que um aumento de uma unidade (neste caso num euro) tem uma utilidade marginal inferior à unidade anterior (o euro anterior). Por conseguinte, os 2 mil de impostos de B têm mais utilidade marginal do que os 20 mil de impostos de A; em segundo lugar, a *lei de Engel* diz que as pessoas com rendimentos mais baixos tendem a gastar mais do seu rendimento (em percentagem do total) em bens essenciais. Isto significa que B terá uma maior propensão marginal para consumir.

A "*flat rate*" (também denominada taxa fixa marginal) está próxima da taxa proporcional, no sentido de que também tem uma taxa de imposto *única*, mas com uma diferença: há um limite de rendimentos que não está sujeito ao imposto, estando, portanto, isento. A razão é permitir ainda assim alguma progressividade na "taxa fixa", reduzindo as desigualdades e, ao mesmo tempo, aumentando a simplicidade e a eficiência no próprio imposto. A "*taxa fixa*" funciona da seguinte forma:

Pessoa A	Pessoa B
Rendimento bruto: 100.000 Taxa de imposto: 20% Isenção de rendimento mínimo: 8.000 Imposto sobre o rendimento: 18.400 Resultado líquido: 81.600	Rendimento bruto: 10.000 Taxa de imposto: 20% Isenção de rendimento mínimo: 8.000 Imposto sobre o rendimento: 400 Rendimento líquido: 9.600

Neste caso, a isenção mínima de rendimento é aplicada a ambos os contribuintes (vamos discutir o porquê, mais adiante, a propósito já da taxa progressiva de imposto). Isto significa que a diferença de rendimentos entre A e B após impostos é agora de 8,5x e não do 10x do rendimento antes de impostos (e do imposto proporcional). Por conseguinte, podemos argumentar que uma "*flat rate*" tem, devido à isenção mínima de rendimento, ainda assim algum grau de progressividade. Alguns países adoptaram uma "flat rate" como, por exemplo, a Hungria e os países Bálticos.

Os defensores de uma "*flat rate*" argumentam que a mesma reduz a distorção dos impostos progressivos, nomeadamente no mercado de trabalho, podendo potenciar mesmo a criação de incentivos à oferta de mão-de-obra, bem como à mobilidade laboral internacional. Mais, alegam igualmente que as taxas marginais de imposto sobre o rendimento são tão elevadas que uma forte redução pode conduzir a um aumento das receitas (a curva "*Laffer*"). O aumento da base tributária (pelo crescimento económico e pelo aumento do trabalho) superaria a redução da taxa de imposto. Isto dependeria igualmente da elasticidade das receitas fiscais e dos mercados de trabalho. Argumenta-se também que esse imposto sobre o rendimento reduziria substancialmente os custos do cumprimento fiscal e simplificaria as obrigações fiscais dos contribuintes.

Os opositores a uma "*flat rate*" enfatizam os benefícios do imposto progressivo sobre o rendimento, principalmente a redução directa das desigualdades, bem como o facto das receitas fiscais ao serem mais elevadas, permem melhores serviços públicos, o que acabaria por reduzir indiretamente as próprias desigualdades. Alegam ainda que a introdução de uma "*flat rate*" não beneficia grande parte da população, particularmente nos níveis de mais baixos rendimentos, ao mesmo tempo que proporciona grandes benefícios, designadamente grandes reduções de impostos, mas a uma pequena percentagem de indivíduos, justamente os níveis de rendimento mais elevados, os chamados "1%" ou "10%".

A taxa de imposto *progressiva* é a taxa normal comum de imposto sobre o rendimento, uma vez que quase todos os países têm algum grau de progressividade no seu imposto sobre o rendimento. Esta estrutura de taxas de imposto funciona através de escalões de rendimentos. Na maioria dos países, o primeiro escalão é um rendimento mínimo que é isento de impostos. Cada escalão tem um limite inferior e superior e uma taxa de imposto marginal aplicada a esse escalão. Isto significa que, para esse intervalo de rendimentos, a taxa de imposto marginal é a aplicada no escalão. Além disso, à medida que os rendimentos aumentam, a taxa de imposto aumenta também. Mas a progressividade significa que o aumento da taxa de imposto é superior ao aumento dos rendimentos; ou seja, um aumento de 10% dos rendimentos é seguido de um aumento superior a 10% no imposto (mais progressividade significará um aumento mais elevado) ($\Delta_I < \Delta_T$). Isto também funciona como um estabilizador automático.

Vejamos então um exemplo de uma pessoa com um rendimento de 100 mil e um imposto sobre o rendimento com os seguintes escalões de impostos e taxas de imposto:

Rendimentos	**Taxa de imposto**
>80.000	40%
]30.000-80.000]	25%
]10.000-30.000]	15%
]6.000-10.000]	10%
[0-6.000]	0% (isento)

Este indivíduo pagaria o imposto sobre o rendimento num total de 23.900. Isto é obtido por: (10.000-6.000) *10% + (30.000-10.000) *15% + (80.000-30.000) *25% + (100.000-80.000) *40%. Isto representa uma taxa média de imposto de 24,5%.

É importante sublinhar esta questão: neste exemplo, o indivíduo não será tributado a 40% (a sua taxa marginal) durante a totalidade dos 100 mil. Só será tributado a 40% pela fatia de rendimento entre 80 e 100 mil. Existe uma diferença crucial entre a taxa de imposto marginal e a média. Neste exemplo, a taxa de imposto marginal deste contribuinte é de 40%, mas a sua taxa média de imposto é de 24,5%.

A utilização de uma taxa de imposto progressiva tem um forte impacto na desigualdade e na redução da diferença de rendimentos pós-impostos. Por exemplo, alguém com um rendimento até 6 mil € não pagaria nenhum imposto sobre o rendimento.

Tomando o exemplo das taxas de imposto anteriores e dos escalões fiscais do exemplo anterior, teríamos:

Pessoa A	**Pessoa B**
Rendimento bruto: 100.000 Imposto sobre o rendimento: 23.900 Resultado líquido: 76.100	Rendimento bruto: 10.000 Imposto sobre o rendimento: 400 Rendimento líquido: 9.600

Isto significa que a diferença entre o rendimento pós-imposto entre A e B é agora de 7,9 vezes e não 10 vezes do rendimento antes de impostos (e do imposto proporcional) ou os 8,5 vezes da "flat rate". Naturalmente, mais escalões e/ou taxas de imposto mais elevadas aumentariam a própria progressividade e reduziriam a diferença no rendimento pós-imposto. No entanto, existe sempre uma compensação entre a redução das desigualdades (progressividade) e a eficiência (proporcionalidade).

Há duas razões principais pelas quais A e B têm a mesma taxa de imposto para os primeiros 10 mil (zero para os primeiros 6k para ambos e depois ou é tributado a 10% nos próximos 4 mil, atingindo 10 mil de rendimento): o primeiro é legal: todos são iguais à lei, e, portanto, devem ser tributados nas mesmas condições; a segunda é económica (mas relacionada com a legal): os primeiros 10 mil de rendimento têm a mesma utilidade marginal para A e B. E essa é também a razão pela qual A pagará 15% nos próximos 20 mil e depois pagará 25% nos próximos 50 mil e, finalmente, 40% nos rendimentos acima de 80 mil – a utilidade marginal de cada unidade antes dos 100 mil é diferente (e inferior, o que justifica a taxa de imposto marginal superior) ou antes de qualquer outro nível de rendimento. E também, por isso, os 100 mil rendimentos de A pagam a mesma taxa de imposto dos 100 mil de rendimentos de qualquer outro contribuinte (e, mais uma vez, a questão jurídica de ser igual perante a lei).

Finalmente, alguma literatura económica apoia a existência de um imposto sobre o rendimento *negativo*. Isto significaria que os trabalhadores com baixos rendimentos (pré-impostos) não só não pagariam qualquer imposto sobre o rendimento, como receberiam um imposto "negativo" (isto significa, seriam subsidiados no imposto sobre o rendimento por serem de baixo nível de rendimento). Este sistema fiscal transferiria dinheiro para os contribuintes abaixo de um determinado limiar de rendimento. Quanto menor for o rendimento, maior será a transferência. Suponha que tal limiar seja de 10.000 €. Então um indivíduo com rendimento zero receberia o montante de imposto relativo aos 10.000. Se o indivíduo tiver algum rendimento, receberá o montante de imposto relativo aos 10.000 menos um imposto sobre esses rendimentos. Se a taxa de imposto for de 20%, então em cada 1€ de rendimento, 0,8€ não serão retirados dos 10k. Isto proporcionará incentivos ao trabalho, nomeadamente às pessoas abrangidas por programas de assistência social (ainda assim, pode surgir também algum desincentivo). A um determinado nível de rendimento, o imposto tomado é igual à transferência (nível de rendimento de *break-even*: limiar de *rendimento/taxa de imposto sobre o rendimento negativo*).

O principal argumento que apoia um imposto negativo sobre o rendimento é o que aborda a desigualdade e a redistribuição, ao longo da pobreza, sem distorcer os mercados, principalmente como oposição a um salário mínimo ou a um aumento deste.

É igualmente importante salientar que, em quase todos os países, os indivíduos que recebem salários ou rendimentos de actividades profissionais não estão apenas sujeitos ao imposto sobre o rendimento, mas também aos pagamentos da segurança social. Na maioria dos países, esses pagamentos dividem-se entre a empresa (o empregador) e o trabalhador (o trabalhador). Isto significa que, tomando o exemplo da taxa de imposto progressiva acima, para a taxa média de imposto de 24,5% o salário dos contribuintes seria também reduzido pelo valor do pagamento da Segurança Social do trabalhador. Se esse pagamento for de 10% do salário, então a tributação total sobre os rendimentos seria de 34,5% (uma vez que os pagamentos da Segurança Social são proporcionais e geralmente não têm limite de isenção de rendimentos). Além disso, o pagamento total à Segurança Social (mesmo a parte que é paga pelo empregador) a incidência económica (a carga fiscal), é sobre o indivíduo. Portanto, se alguém ganhar 4 mil por mês (salário bruto) e o imposto médio sobre o rendimento é de 15%, os pagamentos da Segurança Social são de 20% para o empregador e 10% para o trabalhador, isso significa que o custo para a empresa (o salário bruto real do indivíduo) é de 4.800, mas o salário líquido que o indivíduo recebe é de apenas 3.000. Isto significa que os impostos e contribuições levam 1.800 dos 4.800, num total de 37,5%.

IV
O PRINCÍPIO DA CAPACIDADE CONTRIBUTIVA E A SALVAGUARDA DO MÍNIMO DE EXISTÊNCIA

1. Enquadramento

Os impostos interferem na esfera patrimonial e mesmo pessoal dos contribuintes[94], tendo por isso um cariz ablativo[95] e, porventura, odioso[96], assentando no importante princípio da

---

[94] CLOTILDE CELORICO PALMA, *Tributos e confisco: algumas reflexões*, in Revista de Finanças Públicas e Direito Fiscal, IDEFF, Almedina, Coimbra, Ano 5, n.º 3 (Outono2012), p. 126.

[95] PEDRO MACHETE, *A audição prévia do contribuinte*, Problemas Fundamentais do Direito Tributário, Vislis Editores, Lisboa, 1999, p. 317.

[96] Nas palavras de J. FREITAS DA ROCHA «a actuação administrativo-tributária situa-se em larga medida no domínio do que se pode designar por actuações (públicas) restritivas, na medida em que os actos e procedimentos em que se materializa comportam uma fortíssima componente de limitação (restrição) de direitos fundamentais constitucionalmente previstos, e particularmente de direitos, liberdades e garantias» (*A administração tributária odiosa (repensando os fins e actuações do fisco)*, in Desafios Tributários, Coord. Nuno Barroso/Pedro Marinho Falcão, APIT, Vida Económica, Porto, 2015, p. 130).

Na história não faltam episódios de tensão social motivados por medidas legislativas fiscais, como por exemplo, a Revolta da *Maria da Fonte*, ocorrida na Primavera de 1846, em pleno reinado de D. Maria II, contra o governo de Costa Cabral que pretendia proceder à reorganização fiscal e ao agravamento

capacidade contributiva[97] (artigo 4.º, n.º 1, da LGT), enquanto afirmação do princípio da igualdade[98]. Isto numa aposta indiscutivelmente solidária: "*dos que mais podem para os que mais precisam*",

---

dos impostos, designadamente iniciava-se o cadastro da propriedade rústica, tendo em vista a contribuição predial (Maria de Fátima Bonifácio, *D. Maria II*, in Reis de Portugal, Temas & Debates, Lisboa, 2007, pp. 192-194; Diogo Freitas do Amaral, *Da Lusitânia a Portugal – Dois mil anos de história*, Bertrand Editora, Lisboa, 2017, p. 291; José Hermano Saraiva, *História Concisa de Portugal*, 25.ª Edição, Publicações Europa-América, Mem Martins, 2011, p. 293; A. H. de Oliveira Marques, *Breve História de Portugal*, 9.ª Edição, Editorial Presença, Queluz de Baixo, 2015, p. 458).

Pelo que se revela decisiva uma aposta firme numa boa *educação fiscal*. *Vide*, entre outros, J. Casalta Nabais, *Sobre a educação e cidadania fiscal*, in Estudos em homenagem ao Professor Doutor Wladimir Brito, Coord. Mário Ferreira Monte/Joaquim Freitas Rocha/Maria de Assunção do Vale Pereira, Almedina, Coimbra, Almedina, 2020, pp. 815-842.

Muito recentemente, o próprio Papa Francisco tem chamado a atenção para o facto de que «A legalidade no campo fiscal é um modo de equilibrar as relações sociais, subtraindo forças à corrupção, às injustiças e às desigualdades. Mas isto requer uma certa formação e mudança cultural» (*Discurso à Delegação da Agência de Receita* – Sala Clementina, 31 de Janeiro de 2022).

[97] Tribunal Constitucional – Acórdão n.º 84/2003 – Proc. n.º 531/99 (Relator: Artur Maurício).

Clotilde Celorico Palma observa que «Nos nossos dias, é geralmente aceite que este princípio assume duas vertentes: por um lado, em termos *garantísticos*, entende-se que ninguém deve pagar impostos abaixo de um determinado limite mínimo revelador da ausência de capacidade contributiva (limite mínimo de existência) e que a tributação deverá ser mantida a níveis razoáveis, não assumindo carácter confiscatório; por outro lado, em conformidade com a vertente *solidarista*, entende-se que as despesas do Estado social devem ser sustentadas por todos aqueles que demonstrem capacidade contributiva significativa» (*Da Evolução do Conceito de Capacidade Contributiva*, Ciência e Técnica Fiscal n.º 402, Centro de Estudos e Apoio às Políticas Tributárias, Lisboa, Abril-Junho 2001, p. 122).

[98] Artigo 13.º, da Constituição da República Portuguesa.

A Constituição Italiana estabelece mesmo que «Todos têm a obrigação de contribuir para as despesas públicas na medida de sua *capacidade contributiva*» (artigo 53).

não podendo exigir-se aos contribuintes impostos superiores à sua própria riqueza, até porque apenas se pode retirar dinheiro onde realmente o existe (*ad impossibilita nemo tenetur*), daí a interdição de tributos confiscatórios. Diferentemente, na taxa, em que existe uma prestação sinalagmática em favor do contribuinte (ex: taxa de portagem, propina, etc), em que todos os contribuintes recebem igual contrapartida, logo suportam o mesmo montante, independentemente da capacidade económica de cada um[99].

2. A escassez de recursos e a carga fiscal

Os bens propiciados pela actividade económica são inexoravelmente escassos[100], sendo crescentes e legítimas as necessidades e expectativas do Estado e dos cidadãos, daí os gestores da coisa pública[101] estarem vinculados à gestão rigorosa dos dinheiros públicos[102], provenientes essencialmente da cobrança de impos-

---

[99] O imposto assenta no princípio da capacidade contributiva, enquanto a taxa assenta no princípio da equivalência. *Vide* Ana Paula Dourado, *Direito Fiscal – Lições*, 6.ª Edição, Almedina, Coimbra, 2021, pp. 76-77.

[100] Maria D'Oliveira Martins, *Lições de Finanças Públicas e Direito Financeiro*, 3.ª Edição Revista e Actualizada, Almedina, Coimbra, 2017, p. 24.

[101] Guilherme D'Oliveira Martins, *A responsabilidade financeira do gestor da coisa pública*, in Estudos em Homenagem ao Professor Doutor Paulo de Pitta e Cunha, Volume II, Economia, Finanças Públicas e Direito Fiscal, Org. Jorge Miranda/António Menezes Cordeiro/Eduardo Paz Ferreira/José Duarte Nogueira, 2010, pp. 243-256.

[102] Como sublinha Carlos Moreno «Estes são bens escassos, bens alheios, administrados em nome e por conta de outrem, para realização exclusiva de finalidades públicas. Só devem ser gastos de acordo com os critérios da boa gestão, com respeito pelos princípios da concorrência, transparência e publicidade e com observância da lei. E quem os administra tem de prestar regularmente contas da sua gestão; e explica-la e divulga-la publicamente. Como diz o povo, quem não deve, não teme» (*Como o Estado gasta o nosso dinheiro*, 6.ª edição, Caderno, Alfragide, 2010, pp. 54-55).

tos, devendo evitar-se o exaurimento em definitivo dos recursos públicos disponíveis[103]. Por outro lado, os cidadãos-contribuintes têm a percepção de que a *carga fiscal* é sempre particularmente demasiada, ou não fosse o imposto, como já se disse uma prestação unilateral[104] e coactiva, ditada por razões de "solidariedade obrigatória"[105] inata à pessoa humana ("o dever de contribuir") num Estado Social de Bem-Estar[106]. Como explicava Vítor Faveiro «O tributo e mais designadamente o contributo fiscal de ordem pecuniária para a satisfação financeira das necessidades

---

[103] Miguel Prata Roque, *Tratado de Governação Pública*, Volume I, AAFDL Editora, Lisboa, 2021, pp. 53-54.

Os princípios da transparência impõem a prestação de contas por parte dos entes públicas, sendo-se que se concretiza na responsabilidade financeira, resultando a mesma de controlo administrativo, político e financeiro. Os titulares de cargos políticos respondem política, financeira, civil e criminalmente pelos actos e omissões que pratiquem no âmbito do exercício das suas funções de execução orçamental, nos termos da Constituição e demais legislação aplicável, a qual tipifica as infrações criminais e financeiras, bem como as respetivas sanções (artigo 72.°, n.° 1, da Lei de Enquadramento Orçamental, aprovada pela Lei n.° 151/2015, de 11 de Setembro).

[104] As receitas servem indiscriminadamente para a cobertura da totalidade das despesas, não existindo propriamente uma conexão entre determinadas receitas e determinadas despesas, tratando-se do princípio da não consignação (artigo 16.°, da Lei de Enquadramento Orçamental). *Vide*, por exemplo, Fernando Rocha Andrade, *Textos de Finanças Públicas,* Imprensa da Universidade de Coimbra, Coimbra, 2020, p. 76.

[105] Como sublinhava Diogo Freitas do Amaral «a solidariedade impõe que cada um se não alheie do destino dos outros, em que se espelha e de quem é espelho. Isto quer dizer que a solidariedade contraria a passividade ou, ainda, que a solidariedade implica a recusa da inércia e da indiferença» (*Uma Introdução à Política*, Bertrand Editora, Lisboa, 2014, p. 243).

[106] Constitui tarefa fundamental do Estado promover o bem-estar e a qualidade de vida do povo e a igualdade real entre os portugueses, bem como a efetivação dos direitos económicos, sociais, culturais e ambientais, mediante a transformação e modernização das estruturas económicas e sociais (artigo 9.°, alínea d), da Constituição da República Portuguesa).

colectivas ou para a realização de fins públicos equiparados, é, assim, um elemento *inato* e inerente à *qualidade de socialidade* da pessoa humana: Se o homem não pode viver ou realizar-se, como tal, senão em sociedade, é obviamente, a *pessoa humana*, como ser *social*, que, por um lado, participa da existência de necessidades colectivas para se realizar como ser social e, por outro lado, tem de *contribuir* para a sua satisfação e para a realização de todos. De onde resulta que é da *pessoa-cidadão* que o Estado recebe a legitimidade de estabelecer e exigir impostos»[107].

3. O mínimo de existência

Consagrando o *mínimo de existência*[108], a lei preceitua que da aplicação das taxas estabelecidas no artigo 68.° do Código do IRS (taxas gerais) não pode resultar, para os titulares de rendimentos predominantemente originados em trabalho dependente, em actividades previstas na tabela aprovada no anexo à Portaria n.° 1011/2001, de 21 de agosto, com excepção do código 15, ou em pensões, a disponibilidade de um rendimento líquido de imposto inferior a 1,5 x 14 x (valor do IAS) (artigo 70.°, n.° 1 do Código IRS)[109]. A aplicação deste princípio garante que ninguém suportar impostos infringindo determinado limite que signifique, em termos práticos, ausência de capacidade contributiva – *limite mínimo de existência*, o que se compreende sem

---

[107] Vítor Faveiro, *O Estatuto do Contribuinte – A Pessoa do Contribuinte no Estado Social de Direito*, Coimbra Editora, Coimbra, 2002, p. 186.

[108] Jorge Reis Novais, *Direitos Sociais – Teoria Jurídica dos Direitos Sociais enquanto Direitos Fundamentais*, Coimbra Editora, Coimbra, 2010, pp. 190-209.

[109] Paula Rosado Pereira, *As diversas vertentes do princípio da capacidade contributiva e o IRS*, in Temas de IRS: Princípios Constitucionais, Tributação e Garantias, Almedina, Coimbra, 2020, pp. 38-39.

Atualmente, o mínimo de existência está fixado em 9.315 euros de rendimentos anuais, no IRS a liquidar em 2021.

dificuldade, atendendo a que a capacidade contributiva apenas começa onde acaba o quantitativo dos rendimentos indispensáveis à existência da pessoa humana. Toda a pessoa tem direito a um nível de vida suficiente para lhe assegurar e à sua família a saúde e o bem-estar, principalmente quanto à alimentação, ao vestuário, ao alojamento, à assistência médica e ainda quanto aos serviços sociais necessários, e tem direito à segurança no desemprego, na doença, na invalidez, na viuvez, na velhice ou noutros casos de perda de meios de subsistência por circunstâncias independentes da sua vontade (artigo 25.°, da Declaração Universal dos Direitos Humanos)[110], daí o limite na tributação constante no artigo 70.°, do Código do IRS.

A Lei n.° 64-B/2011, de 30 de Dezembro (Orçamento do Estado para 2012) veio entretanto alargar o limite do mínimo de existência para além dos rendimentos da categoria A (trabalho dependente), abrangendo igualmente os rendimentos da categoria H (pensões).

Uma dificuldade na interpretação-aplicação do mencionado artigo 70.°, do Código do IRS tem que ver com o sentido do advérbio *predominantemente* (originados em trabalho dependente ou em pensões). Pensamos que deve ser entendido como equivalente de algum modo ao advérbio *maioritariamente.* Uma crítica pertinente que se pode fazer resulta do facto da letra do preceito legal em análise não contemplar as situações de rendimentos provenientes de prestação de serviços a uma única entidade, porventura que possam inclusivamente mascarar uma verdadeira relação jurídico-laboral (trabalho dependente), isto apesar de nos casos de existência de *dependência económica* da pessoa singular que presta serviços a uma única entidade, a lei permitir que se os ren-

---

[110] Os preceitos constitucionais e legais relativos aos direitos fundamentais devem ser interpretados e integrados de harmonia com a Declaração Universal dos Direitos do Homem (artigo 16.°, n.° 2, da Constituição da República Portuguesa).

dimentos auferidos resultarem de serviços prestados a uma única entidade, o sujeito passivo *pode optar* pela *tributação de acordo com as regras estabelecidas para a categoria A*, mantendo-se essa opção por um período de três anos (artigo 28.°, n.° 8, do Código do IRS).

No âmbito do processo de execução, actualmente, com as devidas adaptações, a penhora dos rendimentos provenientes de trabalho independente, quando esteja em causa apenas uma entidade pagadora de rendimentos, aplicam-se as regras de impenhorabilidade parcial[111] similares às aplicáveis na penhora de salários[112]. Isto na sequência do Tribunal Constitucional ter julgado inconstitucional a alínea d), do n.° 8, do artigo 738.°, do Código de Processo Civil, quando interpretada no sentido de a inobservância do ónus de comunicação perante a Autoridade Tributária aí definido afastar a aplicação do regime de impenhorabilidade parcial dos rendimentos auferidos no âmbito das actividades especificamente previstas na tabela a que se refere o artigo 151.°, do Código do IRS[113]. A impenhorabilidade parcial destes rendimentos justifica-se pela necessidade de concretização efectiva do princípio da dignidade da pessoa humana, o qual pode ser compreendido tendo em conta que «O Homem constitui o

[111] São impenhoráveis dois terços da parte líquida dos vencimentos, salários, prestações periódicas pagas a título de aposentação ou de qualquer outra regalia social, seguro, indemnização por acidente, renda vitalícia, ou prestações de qualquer natureza que assegurem a subsistência do executado (artigo 738.°, n.° 1, do Código de Processo Civil). A lei veda a penhora de certos bens na totalidade, tendo em vista o direito do executado a um mínimo dos seus rendimentos, de forma a possibilitar-lhe condições mínimas de dignidade (J. António de França Pitão/Gustavo França Pitão, *Código de Processo Civil Anotado*, Tomo II, Artigos 703.° a 1085.°, Quid Juris, Lisboa, 2016, p. 74).

[112] Sobre esta questão *vide* Paulo Marques, *Res Fiscalis – Os Direitos Reais na Actividade Tributária*, Volume II, Garantias reais das obrigações, Ministério das Finanças e da Administração Pública, Direcção-Geral dos Impostos, Centro de Formação, 2009, pp. 247-250.

[113] Tribunal Constitucional – Acórdão n.° 353/2021, de 27 de Maio de 2021 (Relator: Gonçalo Ribeiro).

fundamento de qualquer comunidade juridicamente organizada, ou seja, a comunidade organiza-se para servir o homem»[114].

No entanto, quando não seja apresentada declaração, o titular dos rendimentos é notificado por carta registada para cumprir a obrigação em falta no prazo de 30 dias, findo o qual a liquidação é efetuada, não se atendendo ao disposto no artigo 70.º – "*mínimo de existência*" (artigo 76.º, n.º 3, *1.ª parte*, do Código do IRS).

4. O mínimo de subsistência estadual

A realização das tarefas fundamentais do Estado (ex: promoção do bem-estar e a qualidade de vida do povo e a igualdade real entre os portugueses, bem como a efectivação dos direitos económicos, sociais, culturais e ambientais, mediante a transformação e modernização das estruturas económicas e sociais)[115], que incumbem indiscutivelmente a este, justificam que o Estado possa impor e cobrar os impostos necessários à sua concretização[116]. Tendo em vista as necessidades financeiras dos Estados, em 1 de Julho por 137 países (OCDE/G20), incluindo Portugal, procurando responder adequadamente aos desafios actuais do paradigma crescentemente digital da economia global e do fenómeno de erosão da base tributável ("BEPS"), foi publicado o Modelo de Regras relativo ao Pilar 2 destinado a implementar uma tributação mínima a que passarão a estar sujeitos os grandes grupos multinacionais, isto é, quando tenham um nível de rendimentos consolidados iguais ou superiores a 750 milhões de

---

[114] Germano Marques da Silva, *Introdução ao Estudo do Direito*, 2.ª Edição, Universidade Católica Editora, Lisboa, 2007, p. 284.

[115] Artigo 9.º, alínea d), da Constituição da República Portuguesa.

[116] J. Casalta Nabais, *O Dever Fundamental de Pagar Impostos – Contributo para a compreensão constitucional do estado fiscal contemporâneo*, Teses, Almedina, Coimbra, 2004, p. 216.

euros). Isto com o propósito de fazer com que os grandes grupos multinacionais passem a suportar um nível mínimo de tributação de 15% sobre o rendimento obtido em cada uma das jurisdições onde operam.

V
A PROIBIÇÃO DOS IMPOSTOS CONFISCATÓRIOS

1. Enquadramento

Os impostos confiscatórios estão proibidos[117], por exigência dos importantes princípios da dignidade da pessoa humana, da liberdade económica, da propriedade privada[118] e da proporcionalidade, princípios impostos ao próprio legislador. Conforme destaca lucidamente CLOTILDE CELORICO PALMA «Os impostos que pagamos consubstanciam um preço, o preço que pagamos pela sociedade que temos. Ora, precisamente por isso não poderemos

---

[117] Na *Constituição Espanhola* é mesmo estabelecido que *Todos contribuirán al sostenimiento de los gastos públicos de acuerdo con su capacidad económica mediante un sistema tributario justo inspirado en los principios de igualdad y progresividad que, en ningún caso, tendrá alcance confiscatório* (artigo 31.1).

[118] Existe mesmo uma relação dialéctica entre o direito de propriedade e o imposto, acabando por ser a propriedade privada que confere o substrato económico para a tributação, consistindo esta última numa ablação na esfera patrimonial do contribuinte. Por isso mesmo, o direito de propriedade tem que estar protegido qualitativa e quantitativamente perante o tributo: não pode haver exigência fiscal discriminatória, estando então interdito o confisco, sob pena de se desvirtuar a finalidade última do imposto – a sociedade, a economia e o homem, a quem aquele inexoravelmente tem que servir.

Mais, o imposto tem efeito, por exemplo, no valor de mercado dos, como sucede nos impostos que incidem sobre o valor patrimonial de determinados bens duradouros. Estamos a falar da amortização do imposto, a qual corresponde a uma redução do valor patrimonial de um bem através da incidência do imposto.

pagar um qualquer preço, nomeadamente um preço de montante muito elevado, não se encontrando, em tal caso, preservada a liberdade que tal preço supostamente serve. O legislador tem, nomeadamente, que respeitar o princípio do excesso e socorrer-se de medidas equitativas.

Consequência natural da capacidade contributiva é o princípio da proibição da utilização de tributos com efeitos confiscatórios. Configurar-se-á como tal um tributo que exceda a capacidade económica do contribuinte, consuma o rendimento ou a propriedade com tamanha intensidade que os proprietários tendem a desfazer-se dos seus bens, impedindo o desenvolvimento económico da actividade do contribuinte, a sua capacidade de permanecer no mercado ou, mesmo, a sua normal sobrevivência.

A capacidade económica de contribuir inicia-se apenas quando, após terem sido feitos todos os gastos necessários à aquisição, produção e manutenção do rendimento e do património, bem como à sobrevivência do contribuinte e da sua família, ainda resta alguma riqueza subjectiva, objectivamente tributável. Assim, haverá confisco quando é tributada aquela dimensão intocável, que, embora traduza capacidade económica, não revela, ainda, capacidade contributiva»[119].

Se os impostos operam uma «repartição justa dos rendimentos e da riqueza»[120], necessariamente não poderão implicar o confisco de bens. Não sendo o imposto uma sanção de um acto ilícito, apesar de serem tributados os rendimentos ilícitos em conformidade com o princípio da capacidade contributiva[121], fica vedada a tributação como meio confiscatório.

---

[119] Clotilde Celorico Palma, *Tributos e confisco: algumas reflexões*, in Revista de Finanças Públicas e Direito Fiscal, IDEFF, Almedina, Coimbra, Ano 5, n.º 3 (Outono 2012, pp. 126-127.

[120] Artigo 103.º, n.º 1, *2.ª parte*, da Constituição da República Portuguesa.

[121] Artigo 10.º, da LGT .

Diogo Leite de Campos, *Tributação dos rendimentos ilícitos*, in Problemas Fundamentais do Direito Tributário, Vislis Editores, 1999, p. 11.

A *carga fiscal* (também designada por *pressão fiscal*, ou também por *nível de fiscalidade*), é a relação, em percentagem, do total de receitas fiscais (não considerando apenas os impostos, mas, também, as contribuições à Segurança Social[122]) e os indicadores de rendimento nacional (PIB ou PNB). Um conceito mais exacto consiste no conceito de *esforço fiscal*, como a relação entre o nível de fiscalidade efectivo e o nível potencial. Este conceito resulta da capacidade tributária de cada país em concreto, para o qual concorre sobretudo o nível de desenvolvimento económico, o grau de abertura da economia ao exterior e a composição do PIB. Ou seja, o esforço fiscal resulta da relação entre as receitas fiscais e a capacidade contributiva. Estamos assim a falar da capacidade de aumentar as receitas fiscais de um determinado país, onde o governo se baseia em fatores estruturais, tais como, por exemplo, o nível de desenvolvimento económico e a capacidade dos cidadãos desse mesmo país pagarem impostos.

2. O limite da carga fiscal

No entanto, não é pacífico o limite da carga tributária que caracteriza o confisco, sendo que, por exemplo, J. CASALTA NABAIS defende que quando a carga fiscal[123] atinja uma quota que exceda 50% do PIB, os impostos terão um efectivo alcance confiscató-

---

[122] NAZARÉ DA COSTA CABRAL, *Contribuições para a segurança social: um imposto que não ousa dizer o seu nome?*, in Estudos em Homenagem ao Prof. Doutor Sérvulo Correia, Volume IV, Coord. Jorge Miranda, Faculdade de Direito da Universidade de Lisboa, Coimbra Editora, Coimbra, 2010, pp. pp. 267-298.

[123] A carga fiscal ou pressão fiscal corresponde à relação percentual entre o total dos impostos e o Produto Interno Bruto (PIB), tendo atingido em 2020, 34,8% do PIB Nacional.

Portugal ocupa a 16.ª posição da lista de 36 países da OCDE com um peso dos impostos, superando a média de 34,3% do PIB.

rio[124]. Na verdade, estamos a falar dos limites do poder tributário, questão enquadrada necessariamente nas relações entre direito e poder (ou direito e Estado). A redução de taxas de impostos pode mesmo fazer aumentar a receita tributária. De resto, a *curva de Laffer*[125] dá-nos a indicação do nível óptimo de tributação, a partir do qual se produzirão efeitos negativos. Dito de outra forma, segundo aquela representação teórica, aumentar demasiado os impostos, poderá implicar a diminuição da actividade económica, e consequentemente da própria receita tributária obtida.

Todos têm o *direito de resistir* a qualquer ordem que ofenda os seus direitos, liberdades e garantias e de repelir pela força qualquer agressão, quando não seja possível recorrer à autoridade pública[126], designadamente ninguém pode ser obrigado a pagar impostos que não hajam sido criados nos termos da Constituição, que tenham natureza retroactiva ou cuja liquidação e cobrança se não façam nos termos da *lei*[127]. Pensamos que este normativo constitucional também se aplica enquanto reacção ao *confisco*, uma vez que este está pelo menos implicitamente proibido na Constituição. Como nos dá conta Maria Assunção Esteves «O reconhecimento de um direito de resistência contra a tributação abusiva é já defendido (na sua forma passiva) pelos canonistas medievais de influência tomista, com fundamento na ideia de que a exigibilidade do imposto deve confinar-se ao que for indispensável para o bem comum, sendo de considerar ilegítima, porque "sem causa", a tributação que apenas serve aos interesses do príncipe»[128].

---

[124] J. Casalta Nabais, *O Dever Fundamental de Pagar Impostos – Contributo para a compreensão constitucional do estado fiscal contemporâneo*, Teses, Almedina, Coimbra, 2004, p. 221.

[125] A *curva de Laffer* constitui uma representação teórica (gráfico) da relação entre o valor de receita arrecadada com um imposto e diferentes taxas, demonstrando a "elasticidade da receita taxável".

[126] Artigo 21.º, da Constituição da República Portuguesa.

[127] Artigo 103.º, n.º 3, da Constituição da República Portuguesa.

[128] Maria da Assunção Andrade Esteves, *A constitucionalização do direito de resistência*, AAFDL, Lisboa, 1989, p. 240.

3. O acesso à justiça tributária

Apesar de o contribuinte estar vinculado ao pagamento do imposto previamente liquidado, sob pena de ser instaurado pela administração tributária o respectivo processo de execução fiscal e em seguida praticados coercivamente por aquela actos como a citação, a penhora e a venda, e a aplicação do produto da venda na dívida, o contribuinte pode ainda assim reagir, lançando mão dos meios de defesa administrativos e/ou contenciosos, previstos na lei, exprimindo a sua discordância face ao acto tributário, inclusivamente mesmo se este tiver sido praticado pelo próprio contribuinte (autoliquidação). O interessado tem o direito de impugnar ou recorrer de todo o acto *lesivo* dos seus direitos e interesses legalmente protegidos, segundo as formas de processo prescritas na lei, podendo ser lesivos, nomeadamente a liquidação de tributos, considerando-se também como tal para efeitos da presente lei os actos de autoliquidação, retenção na fonte e pagamento por conta[129].

Porém, a apresentação do meio de defesa não suspende em regra, só por si, a execução fiscal. O legislador não exige ainda assim necessariamente o pagamento da dívida, bastando então ao executado prestar a *garantia idónea*[130] para o efeito (*solve et repete* mitigado), acautelando-se neste último caso que o credor tributário verá satisfeito o seu crédito.

Por sua vez o pagamento[131], ou outra forma similar de satisfação do crédito não preclude a possibilidade do contribuinte sindicar a legalidade ou mesmo a exigibilidade[132] do acto tributário,

---

[129] Artigo 95.º, n.º 1 e 2, alínea a), da LGT.

[130] A garantia pode consistir em garantia bancária, caução, seguro-caução ou qualquer meio susceptível de assegurar os créditos do exequente (artigo 199.º, n.º 1, do CPPT).

[131] Artigo 176.º, n.º 3, do CPPT.

[132] Artigo 203.º, n.º 7, do CPPT.

excepto se tiver existido renúncia expressa e formal[133] por parte do contribuinte.

Num Estado de Direito[134], a justiça e o direito prevalecem assim sobre o próprio interesse público financeiro da arrecadação de receitas tributárias.

---

[133] Artigos 9.°, n.° 3 e 96.°, n.° 2, da LGT.

[134] Artigos 2.°, e 104.°, n.° 1, *in fine*, da Constituição da República Portuguesa.

VI

A CONSIDERAÇÃO FISCAL DA FAMÍLIA

1. Enquadramento

O imposto sobre o rendimento das pessoas singulares tem em conta as *necessidades e os rendimentos do agregado familiar*[135]. Mais, incumbe ao Estado, tendo em vista a protecção da família, regular os *impostos* e os benefícios sociais, de harmonia com os *encargos familiares*[136].

2. O agregado familiar e as deduções à colecta em IRS

O agregado familiar é dirigido pelos *cônjuges*[137] não separados judicialmente de pessoas e bens, ou os unidos de facto, sendo os sujeitos passivos da relação jurídica de imposto[139].

---

[135] Emilio Cencerrado Millán destaca que «a despesa para a manutenção das pessoas que por obrigação jurídica ou moral estão a cargo do contribuinte. É evidente que o contribuinte não pode dar ao Estado a riqueza que deve gastar nos gastos de família» (*El Mínimo Exento – En el Sistema Tributário Español*, Marcial Pons, Madrid, 1999, p. 18).

[136] Artigo 67.°, n.° 2, alínea f), da Constituição da República Portuguesa.

[137] Quando exista agregado familiar, o imposto é apurado individualmente em relação a cada cônjuge ou unido de facto, sem prejuízo do disposto relativamente aos dependentes, a não ser que seja exercida a opção pela

Os *dependentes*, embora não sejam considerados sujeitos passivos, integram o agregado familiar para efeitos de tributação do rendimento, designadamente os filhos, adoptados e enteados, maiores, bem como aqueles que até à maioridade estiveram sujeitos à tutela de qualquer dos sujeitos a quem incumbe a direção do agregado familiar, que não tenham mais de 25 anos nem aufiram anualmente rendimentos superiores ao valor da retribuição mínima mensal garantida[139].

Os *ascendentes* (ex: pais e avós) não integram o conceito de agregado familiar[140] para efeitos de tributação do rendimento das pessoas singulares[141], sendo que este imposto atende obrigatoriamente às necessidades do agregado familiar[142]. Pelo que resulta

---

tributação conjunta (artigo 12.°, n.° 2, do Código do IRS). No entanto, no caso de opção por tributação conjunta, o imposto é devido pela soma dos rendimentos das pessoas que constituem o agregado familiar, considerando-se como sujeitos passivos aquelas a quem incumbe a sua direcção (artigo 12.°, n.° 3, do Código do IRS).

Rui Duarte Morais, *Tributação separada dos cônjuges e o desafio da simplicidade*, in Estudos em Homenagem ao Professor Doutor Paulo de Pitta e Cunha, Volume II, Org. Jorge Miranda/António Menezes Cordeiro/Eduardo Paz Ferreira/José Duarte Nogueira, Almedina, Coimbra, 2010, pp. 791-802.

138 Artigo 13.°, n.° 4, alínea a), do Código do IRS.

Qualquer dos cônjuges pode praticar todos os actos relativos à situação tributária do agregado familiar e ainda os relativos aos bens ou interesses de outro cônjuge, desde que este os conheça e não se lhes tenha expressamente oposto (artigo 16.°, n.° 5, do Código do IRS).

139 Artigo 13.°, n.° 5, alínea b), do Código do IRS.

140 André Salgado de Matos, *Código do Imposto do Rendimento das Pessoas Singulares (IRS)* Anotado, ISG, Lisboa, 1999, p. 194.

No entanto, estão previstas deduções à colecta em relação aos ascendentes do sujeito passivo (artigo 78.°-A, do Código do IRS).

141 Artigo 13.°, do Código do IRS.

142 O imposto sobre o rendimento pessoal visa a diminuição das desigualdades e será único e progressivo, tendo em conta *as necessidades e os rendimentos do agregado familiar* (artigo 104.°, n.° 1, da Constituição da República Portuguesa). Na observação de Vítor Faveiro «se é certo que a satisfação conjunta

claro que o legislador adoptou o modelo de «família nuclear» e não propriamente de «família prolongada»[143] ou, também designada de «família multi-geracional»[144]. É de realçar ainda que este conceito restrito[145] de agregado familiar aplica-se em outros domínios da fiscalidade, designadamente na tributação das manifestações de fortuna[146].

A relevância das necessidades do agregado familiar surge concretizada designadamente nas *deduções à colecta* previstas na lei (artigos 78.° e ss., do Código do IRS), em que avultam as despesas de saúde, formação e educação, habitação, entre outras, de modo

---

da mesma necessidade por várias pessoas é por vezes menos dispendiosa do que a sua satisfação separada por cada uma delas, não é menos verdade que o conjunto de pessoas de pessoas vivendo em família tem necessidades próprias, diferentes das necessidades individuais e de montante diferente do do respectivo somatório, e daí que o englobamento das necessidades familiares possa ser havido como uma forma de protecção aos agregados familiares, ao contrário do englobamento dos rendimentos, que implica normalmente, agravamentos tributários (*Família, Estado e Imposto*, in A unidade familiar como sujeito fiscal, IX Jornadas Luso-Hispano-Americanas de Estudos Tributários, Cadernos de Ciência e Técnica Fiscal, n.° 123, Centro de Estudos Fiscais, Lisboa, 1982, p. 146).

[143] Manuel Pires, *Relatório Nacional de Portugal*, in A unidade familiar como sujeito fiscal, IX Jornadas Luso-Hispano-Americanas de Estudos Tributários, Cadernos de Ciência e Técnica Fiscal, n.° 123, Centro de Estudos Fiscais, Lisboa, 1982, p. 18

[144] Manuel Pires, *Tributação relativa à Família (Revisitação)*, in Estudos em Homenagem ao Professor Doutor Paulo de Pitta e Cunha, Volume II, Economia, Finanças Públicas e Direito Fiscal, Org. Jorge Miranda/António Menezes Cordeiro/Eduardo Paz Ferreira/José Duarte Nogueira, Almedina, Coimbra, 2010, p. 526.

[145] No âmbito do Direito Privado, o *parentesco* constitui uma fonte das relações jurídicas familiares, parecendo apontar para um conceito de família mais ampla (artigos 1576.°, 1578.° e 1580.°, do Código Civil).

[146] Artigo 89.°-A, n.° 2, da LGT.

Rui Duarte Morais, *Manifestações de fortuna e acréscimos patrimoniais não justificados: páginas esquecidas do projeto da comissão de reforma do IRS*, in Cadernos de Justiça Tributária, n.° 14, Braga, (Out.-Dez. 2016), pp. 17-25.

a apurar-se o "rendimento disponível"[147] do agregado familiar. As deduções à colecta exprimem uma opção legislativa no sentido de impor uma maior progressividade fiscal e um maior desagravamento fiscal quanto aos contribuintes que auferem menores rendimentos[148]. No caso dos ascendentes, apesar destes, como já se viu, não integrarem o agregado familiar, à colecta devida pelos sujeitos passivos residentes em território português e até ao seu montante são deduzidos por sujeito passivo por cada *ascendente* que viva efetivamente em comunhão de habitação com o sujeito passivo, desde que aquele não aufira rendimento superior à pensão mínima do regime geral, o montante fixo de €525 (artigo 78.º-A, n.º 1, alínea c), do Código do IRS).

Sempre que o mesmo dependente ou ascendente conste de mais do que uma declaração de rendimentos, o valor das deduções à coleta previstas no presente Código por referência a dependentes ou ascendentes é reduzido para *metade*, por sujeito passivo (artigo 78.º, n.º 9, do Código do IRS).

À coleta do IRS devido pelos sujeitos passivos é dedutível também um montante correspondente a 25 % do valor suportado a título de *encargos com lares*, nos termos do presente artigo, com o limite global de €403,75, abrangendo encargos com apoio domiciliário, lares e instituições de apoio à terceira idade relativos aos sujeitos passivos, bem como dos encargos com lares e residências autónomas, designadamente com *ascendentes* que não possuam rendimentos superiores à retribuição mínima mensal garantida (artigo 84.º, n.ºs 1 e 2, do Código do IRS). Abrangem-se as actividades de apoio social para pessoas idosas e com deficiência, com ou sem alojamento, incluindo designadamente a higiene pessoal e a alimentação.

---

[147] J. Casalta Nabais, *O dever Fundamental de Pagar Impostos – Contributo para a Compreensão Constitucional do Estado Fiscal Contemporâneo*, Teses, Almedina, Coimbra, 1998, pp. 522-524.

[148] Paula Rosado Pereira, *Manual de IRS*, 3.ª Edição, Almedina, Coimbra, 2021, p. 317.

As facturas relativamente aos encargos com lares devem ser emitidas em nome e com o número de identificação fiscal de quem suporta efetivamente o respectivo. No entanto, deve fazer-se constar no descritivo das facturas a referência ao efectivo beneficiário do serviço prestado pela instituição.

3. A proibição da venda coerciva em processo de execução fiscal de bem imóvel destinado exclusivamente a habitação do agregado familiar

Todos têm direito, para si e para a sua família, a uma habitação de dimensão adequada, em condições de higiene e conforto e que preserve a intimidade pessoal e a privacidade familiar[149]. Apesar da extrema relevância do interesse público fiscal, em ordem a salvaguardar o direito à habitação[150], bem como a prevenir situ-

---

[149] Artigo 65.°, n.° 1, da Constituição da República Portuguesa.

Ficam isentos de imposto municipal sobre imóveis os prédios rústicos e o prédio ou parte de prédio urbano destinado a habitação própria e permanente do sujeito passivo ou do seu agregado familiar, e que seja efectivamente afecto a tal fim, desde que o rendimento bruto total do agregado familiar não seja superior a 2,3 vezes o valor anual do IAS e o valor patrimonial tributário global da totalidade dos prédios rústicos e urbanos pertencentes ao agregado familiar não exceda 10 vezes o valor anual do IAS (artigo 11.°-A, n.° 1, do Código do IMI).

[150] No entanto, cabe realçar que o Supremo Tribunal de Justiça tem entendido que « O direito à habitação do cidadão e da família, consagrado no art. 65.° da CRP, não se confunde com o direito a ter casa própria, sendo que o legislador ordinário, não obstante estar ciente da sua importância, não estabeleceu, em homenagem àquele direito, a impenhorabilidade da casa de morada de família, mas apenas algumas defesas (art. 834.°, n.° 2, do CPC e actual art. 751.°, n.° 3, als. a) e b), do NCPC (2013)). Posto que a penhora, por si só, não priva de habitação quem na casa possa habitar, há que concluir que aquela não atenta contra o direito constitucional à habitação, sendo certo que este não tem cariz absoluto nem se sobrepõe a qualquer outro,

ações de pobreza, a Lei n.º 13/2016, de 23 de Maio veio vedar a venda coerciva em processo de execução fiscal de bem imóvel destinado exclusivamente a habitação própria e permanente do devedor ou do seu agregado familiar, quando o mesmo esteja efectivamente afecto a esse fim[151]. Esta disposição legal constitui uma excepção ao princípio segundo o qual o património do devedor constitui a garantia geral dos créditos tributários[152]. De igual modo, não vemos como possa a casa de morada de família ser considerada como garantia idónea para efeitos de suspensão da execução fiscal, excepto se tiver existido renúncia expressa e formal àquele impedimento legal[153].

---

nomeadamente o direito de propriedade, como decorre do art. 824.º, n.º 2, do CC» (Acórdão de 5 de Março de 2015 – Proc. n.º 3762/12.9 – Relator: João Andrade).

[151] Artigo 244.º, n.º 2, do CPPT.

Segundo o Tribunal da Relação de Guimarães «A lei proíbe a venda do imóvel afeto à habitação própria e permanente do executado quando essa venda ocorra no âmbito de uma execução fiscal. Pretende-se assim proteger o direito essencial à habitação, o qual é posto em causa quando, num processo de execução fiscal, a habitação é objeto de venda judicial, por vezes em razão de quantias irrisórias face ao valor do imóvel. Contudo, tal restrição não se estende às execuções comuns, evitando-se assim sacrificar os restantes credores, designadamente os garantidos. Ora, sendo certo que a penhora não seria levantada no âmbito da execução fiscal, a não ser que a dívida fosse paga ou anulada, os credores com garantia real sobre o bem imóvel penhorado previamente na execução fiscal ficariam impedidos de satisfazer os seus créditos pelo produto da venda do mesmo» (Acórdão de 17 de Janeiro de 2019 – Proc. n.º 956/17 – Relator: Alexandra Rolim Mendes). Se o bem penhorado for a casa de habitação efetiva do embargante, o juiz pode, a requerimento daquele, determinar que a venda aguarde a decisão proferida em 1.ª instância sobre os embargos, quando tal venda seja suscetível de causar prejuízo grave e dificilmente reparável (artigo 733.º, n.º 5, do Código de Processo Civil).

[152] Artigo 50.º, n.º 1, da LGT.

[153] *Vide* Supremo Tribunal Administrativo – Acórdão de 13 de Setembro de 2019 – Proc. n.º 0918/17 (Relator: Ascensão Lopes).

No entanto, aquela proibição não se aplica em relação aos imóveis cujo valor tributável se enquadre, no momento da penhora[154], na taxa máxima prevista para a aquisição de prédio urbano ou de fração autónoma de prédio urbano destinado exclusivamente a habitação própria e permanente, em sede de imposto sobre as transmissões onerosas de imóveis. A venda coerciva apenas pode ocorrer um ano após o termo do prazo de pagamento voluntário da dívida mais antiga, podendo ainda assim o próprio executado requerer a cessação daquele impedimento legal[155].

---

[154] A penhora começa pelos bens cujo valor pecuniário seja de mais fácil realização e se mostre adequado ao montante do crédito do exequente (artigo 219.º, do CPPT), com respeito pelo princípio da proporcionalidade. Os actos a adoptar no procedimento serão os adequados aos objectivos a atingir, de acordo com os princípios da proporcionalidade, eficiência, praticabilidade e simplicidade (artigo 46.º, do CPPT).

[155] Durante o período de impedimento legal à realização da venda de imóvel afeto a habitação própria e permanente, suspende-se, nos termos da lei, o prazo de prescrição das obrigações tributárias (artigo 49.º, n.º 4, alínea d), da LGT), uma vez que durante esse período de tempo, o credor tributário não se pode fazer pagar por aquele bem imóvel.

VII
A TRIBUTAÇÃO DO RENDIMENTO *REAL* DAS EMPRESAS

1. Enquadramento

A tributação das empresas (pessoas colectivas e singulares[156]) incide fundamentalmente sobre o seu rendimento *real*[157], o que obstaculiza à eventual criação de uma "*colecta mínima*" que não teria em conta os rendimentos da empresa. Exige-se assim que se considere antes a verdadeira e efectiva situação económica das empresas ("*rendimento líquido*")[158], para efeitos de tributação do rendimento. O legislador optou assim por «atribuir dignidade constitucional a um modelo de tributação das empresas alicerçado nos lucros *efectivamente* auferidos e não em meros lucros normais»[159].

---

[156] Paula Rosado Pereira, *Manual de IRS*, 3.ª edição, Almedina, Coimbra, 2021, pp. 41-43.

Por exemplo, consideram-se rendimentos prediais as rendas dos prédios rústicos, urbanos e mistos pagas ou colocadas à disposição dos respetivos titulares, quando estes não optarem pela sua tributação no âmbito da categoria B (artigo 8.º, n.º 1, do Código do IRS).

[157] Artigo 104.º, n.º 2, da Constituição da República Portuguesa.

[158] *Vide*, por exemplo, os artigos 17.º e 23.º, do Código do IRC.

[159] Filipe de Vasconcelos Fernandes, *Constituição e Lucro Real – Contributo ao Direito Fiscal Constitucional Português*, Tese, AAFDL Editora, Lisboa, 2018, p. 22.

A tributação das empresas segundo o rendimento real revela um propósito tendencial do legislador, não querendo dizer "exclusivamente", mas antes "principalmente", daí o advérbio "*fundamentalmente*" constante da letra do n.º 2, do artigo 104.º, do texto constitucional[160].

2. Os métodos indirectos de tributação, em particular

Podem referir-se importantes consequências deste importante princípio constitucional ao nível da legislação ordinária, designadamente o carácter optativo do regime simplificado de tributação[161] e mesmo o carácter eminentemente subsidiário e excepcional (taxativo) da tributação com recurso a métodos indirectos[162] (artigos 85.º, n.º 1, e 87.º, da LGT)[163]. A avaliação

---

[160] Ana Paula Dourado/Paulo Marques, *Anotações aos artigos 103.º e 104.º*, in Constituição Portuguesa Anotada – Volume II, 2.ª Edição Revista, Coord. Jorge Miranda/Rui Medeiros, Universidade Católica Editora, Lisboa, 2018, p. 241.

[161] Artigo 81.º, n.º 2, da LGT.

[162] A avaliação indirecta visa a determinação do valor dos rendimentos ou bens tributáveis a partir de indícios, presunções ou outros elementos de que a administração tributária disponha (artigo 83.º, n.º 2, da LGT). Em caso de determinação da matéria tributável por métodos indirectos, compete à administração tributária o ónus da prova da verificação dos pressupostos da sua aplicação, cabendo ao sujeito passivo o ónus da prova do excesso na respectiva quantificação (artigo 74.º, n.º 3, da LGT).

Em 2020, em resultado das 742 acções inspectivas em que ocorreu a aplicação de métodos indirectos, promoveram-se correcções à matéria colectável de IRC no montante de €119 milhões (Fonte: Relatório de Actividades Desenvolvidas de "Combate à Fraude e Evasão Fiscais e Aduaneiras" – 2020, Junho de 2021).

[163] Gustavo Lopes Courinha, *Manual do Imposto sobre o Rendimento das Pessoas Colectivas*, Almedina, Coimbra, 2019, pp. 35-36. *Vide* igualmente João Sérgio Ribeiro, *Tributação Presuntiva do Rendimento – Um Contributo*

indirecta, a qual tem em vista o rendimento real presumido[164] e não o rendimento real efectivo[165], não raras vezes, tem origem justamente em comportamento culposo do contribuinte, como por exemplo, no caso de existência de diversas contabilidades

---

para Reequacionar os Métodos Indirectos de Determinação da Matéria Tributária, Almedina, Coimbra, 2010, pp. 28-35.

[164] A aplicação dos métodos indirectos da tributação não conduz propriamente ao rendimento normal, uma vez que se faz apelo ainda assim aos elementos concretos atinentes ao sujeito passivo.

Segundo ALBERTO XAVIER «Nos casos em que não existe prova directa pré-constituída a Administração fiscal deve também investigar livremente a verdade material. É certo que ela não dispõe agora de uma base probatória fornecida directamente pelo contribuinte; e por isso deverá activamente recorrer a todos os elementos necessários à sua convicção. Tais elementos serão, via de regra, constituídos por provas indirectas, isto é, por factos indiciantes, dos quais se procurará extrair, com o auxílio de regras de experiência comum, da ciência ou da técnica, uma ilação quanto aos factos indiciados. A conclusão ou prova não se obtém directamente, mas indirectamente, através de um juízo de relacionação normal entre o indício e o tema da prova. Os "lucros que presumivelmente os contribuintes obtiveram" ou os «lucros que os contribuintes normalmente podiam ter obtido» não são, como tais, objecto de prova. Objecto de prova em qualquer caso são os lucros efectivamente obtidos pelos contribuintes: só que num caso a verdade material se obtém de um modo directo e nos outros de um modo indirecto, fazendo intervir ilações, presunções, juízos de probabilidade ou de normalidade» (*Conceito e Natureza do Acto Tributário*, Almedina, Coimbra, 1972, p. 58).

[165] Presumem-se verdadeiras e de boa-fé as declarações dos contribuintes apresentadas nos termos previstos na lei, bem como os dados e apuramentos inscritos na sua contabilidade ou escrita, quando estas estiverem organizadas de acordo com a legislação comercial e fiscal, sem prejuízo dos demais requisitos de que depende a dedutibilidade dos gastos (artigo 75.°, n.° 1, da LGT). No entanto, tal não impede, se for caso disso, liquidação *adicional*, a ser efectuada pela administração tributária, isto mesmo em relação aos impostos em relação aos quais o legislador prevê autoliquidação a cargo do contribuinte (ex: IRC e IVA).

Vide igualmente Tribunal Constitucional – Acórdão n.° 26/92, de 15 de janeiro (Relator: Mário de Brito).

ou grupos de livros com o propósito de simulação da realidade perante a administração tributária e erros e inexactidões na contabilidade das operações não supridos no prazo legal (artigo 88.°, alínea c), da LGT), daí a impossibilidade de comprovação e quantificação directa e exacta da matéria tributável. Nessas situações, podemos dizer que aquela impossibilidade pode ter sido provocada, em termos práticos, pelo próprio contribuinte, não restando outra alternativa que não o recurso por parte da administração tributária aos métodos indirectos de tributação, justificados igualmente pelos princípios da verdade material, do inquisitório e da igualdade entre todos os contribuintes (artigos 6.°, do RCPITA e 55.° e 58.°, da LGT). Embora o princípio-regra seja o da *colaboração* e da *boa fé* dos contribuintes (artigo 59.°, da LGT), existem situações de verificação de anomalias ou mesmo a inexistência da contabilidade, *imputáveis ao próprio contribuinte*, em que não é de acolher o princípio da presunção de verdade declarativa de que gozam habitualmente os contribuintes (artigo 75.°, n.°s 1 e 2, da LGT). A falta de cooperação dos sujeitos passivos e demais obrigados tributários no procedimento de inspecção pode, quando *ilegítima*, constituir fundamento de aplicação de *métodos indirectos* de tributação nos termos da lei (artigo 10.°, do RCPITA), designadamente nos casos de contabilidades paralelas.

VIII
EXTRAFISCALIDADE: UMA REALIDADE FORA OU DENTRO DA FISCALIDADE?

1. Enquadramento

A *extrafiscalidade* significa que o imposto é utilizado para prosseguir outras finalidades que vão além da própria arrecadação de receitas. Embora esta última seja a função tradicional do imposto, este quando tem uma finalidade extrafiscal, significa que o Estado pretende alcançar outro fim que não somente o de financiar as suas actividades. O propósito do legislador consiste assim em «atingir outras finalidades, dirigindo comportamentos, estimulando ou desestimulando condutas»[166].

Apesar de a letra do n.º 1 do artigo 103.º da Constituição da República Portuguesa falar em «uma repartição justa dos rendimentos e da riqueza», se lançarmos mão de uma interpretação sistemática[167], em conformidade com o princípio da coerência

---

[166] HUGO DE BRITO MACHADO SEGUNDO, *Manual de Direito Tributário*, 10.ª Edição Revista, Actualizada e Ampliada, Atlas, S. Paulo, 2018, pp. 51-52.

[167] Na *interpretação sistemática*, as normas devem ser analisadas tendo em conta as suas inter-relações com outras normas do ordenamento jurídico. *Vide*, por exemplo, DIOGO FREITAS DO AMARAL, *Manual de Introdução ao Direito*, Vol. II, Almedina, Coimbra, 2019, pp. 156-160; PEDRO ROMANO MARTINEZ, Introdução ao Estudo do Direito, AAFDL Editora, Imprensa FDUL, Lisboa, 2021, pp. 278-279.

e unidade[168] do sistema jurídico[169], não poderemos deixar de concluir pela conformidade dos tributos ambientais com o texto constitucional, já que, por exemplo, o artigo 66.º, n.º 2, alínea h), da Constituição da República Portuguesa preceitua expressamente que, «Para assegurar o *direito ao ambiente*, no quadro de um desenvolvimento sustentável, incumbe ao Estado, por meio de organismos próprios e com o envolvimento e a participação dos cidadãos assegurar que a *política fiscal*[170] compatibilize desenvolvimento com protecção do ambiente e qualidade de vida». Estamos, assim, com J. Casalta Nabais, quando nos dá conta de que, «a tutela do ambiente serve-se de diversos meios ou instrumentos em relação aos quais se impõe dar notícia, ainda que sumária, a fim de podermos ajuizar do lugar desempenhado pelos instrumentos tributários, mais especificamente pelos tributos com fins de protecção do meio ambiente, no quadro dessa tutela»[171]. De igual modo, Maria Eduarda de Azevedo assinalava que, «a utilização dos tributos na preservação ecológica tem um carácter realmente universal e irreversível, sendo um lugar comum falar do apelo ao emprego deste tipo de meios que, ao revelarem-se de especial interesse para o aumento da eficácia da política do ambiente, justificam que componham o seu acervo de instrumentos»[172].

---

[168] Artigo 9.º, n.º 1, do Código Civil.

[169] O direito é *uno*, *completo* e *coerente*, embora sendo possível que, para efeitos didácticos, seja dividido em áreas, com o propósito de fazer com que o seu estudo e o seu uso seja mais simples e prático.

[170] A Lei de Bases do Ambiente, aprovada pela Lei n.º 11/87, de 7 de Abril, prevê que no combate à poluição derivada do uso de compostos químicos, sejam aplicados instrumentos fiscais que incentivem a reciclagem e a utilização de resíduos (artigo 23.º, n.º 1, alínea e)).

[171] J. Casalta Nabais, *Por um Estado Fiscal Suportável – Estudos de Direito Fiscal – Volume III*, Almedina, Coimbra, 2010, p. 177.

[172] Maria Eduarda Azevedo, *A Fiscalidade Ambiental (Reflexões)*, Estudos em Homenagem ao Professor Doutor Alberto Xavier, Volume II, IDEFF, Faculdade de Direito de Lisboa, Almedina, Coimbra, 2013, p. 285.

2. A riqueza ambiental em especial

A *riqueza ambiental*[173] tem, por sinal, também um importante impacto económico (por exemplo em setores económicos como o turismo, a agropecuária, a silvicultura, etc.). Os recursos que a Natureza coloca à nossa disposição constituem um grande manancial de riquezas – minerais, energéticas, alimentares, etc. Temos o direito de tirar benefício de tais riquezas, mas igualmente o dever de as pouparmos e gerirmos eficientemente, pois não são infinitas e o uso excessivo e imprudente por uns, pode comprometer a utilização em boas condições por outros, daí fazer todo o sentido falar-se aqui também em «repartição justa».

Todos têm direito a um ambiente de vida humano, sadio e ecologicamente equilibrado e o dever de o defender[174], de modo a garantir-se às gerações presentes e vindouras uma vida digna, num ambiente saudável e equilibrado, em ordem ao crescimento sustentável[175].

É comummente sabido que os problemas ecológicos e as alterações climáticas (ex: a poluição do ar que se respira, o aquecimento global, a desordem urbanística, a escassez de água potável, a contaminação dos oceanos e dos rios, etc.), mesmo quando não causadora de catástrofes naturais, constitui uma consequência do modelo de desenvolvimento económico e interação social actual

---

[173] Frederico Rodrigues Silva dá-nos conta de que «A adopção do dever fundamental de protecção ambiental, porque incide sobre uma realidade transindividual, reforça a ideia de solidariedade em que se baseia o sistema de deveres fundamentais» (*Meio ambiente e Constituição – Entre o dever fundamental de protecção e a proibição de retrocesso ambiental*, A Constituição no Limiar do Século XXI, Coord. Jorge Miranda, AAFDL, Lisboa, 2016, p. 101).

[174] Artigo 66.º, n.º 1, da Constituição da República Portuguesa.

[175] As exigências em matéria de protecção do ambiente devem ser integradas na definição e execução das políticas e acções da União, em especial com o objectivo de promover um desenvolvimento sustentável (artigo 11.º, do TFUE).

(*modus vivendi*), podendo vir a comprometer os actuais padrões de qualidade de vida dos cidadãos e o actual perfil económico dos países desenvolvidos. Por isso mesmo, o direito ao meio ambiente constitui actualmente um direito fundamental de terceira geração com o correlativo dever de toda a comunidade e do Estado em particular, de o proteger, tendo também em vista a qualidade de vida das gerações vindouras. Segundo SÉRGIO VASQUES «O ponto de ligação essencial entre o direito fiscal e o direito do ambiente reside no *princípio do poluidor-pagador* e na noção de que é possível e desejável empregar instrumentos económicos para interiorizar as exterioridades ambientais, obrigando os indivíduos a suportar todo o custo que as suas escolhas pessoais trazem à sociedade»[176]. No entanto, os denominados tributos ambientais em sentido impróprio aproximam-se da função tradicional de arrecadação de receitas, uma vez que têm em vista cobrir alguns custos específicos do ambiente.

A tributação ambiental pode passar pelos próprios poluidores pagarem o tributo[177] (*princípio do poluidor-pagador*)[178] ou pela concepção de benefícios fiscais para que não se polua.

---

[176] SÉRGIO VASQUES, *Manual de Direito Fiscal*, Almedina, Coimbra, 2015, p. 91.

[177] Ex: a antiguidade da matrícula interfere no potencial desgaste causado pela viatura automóvel ao meio ambiente, daí a maior onerosidade fiscal (artigo 7.°, do Código do Imposto Único de Circulação – CIUC).

[178] Quem contamina, paga.

Os custos sociais decorrentes da actividade que degrada o meio ambiente repercutem-se, assim, nos custos finais dos produtos e serviços com eles relacionados.

Ex: Os impostos especiais de consumo obedecem ao *princípio da equivalência*, procurando onerar os contribuintes na medida dos custos que estes provocam nos domínios do ambiente e da saúde pública, em concretização de uma regra geral de igualdade tributária (artigo 2.°, do Código dos Impostos Especiais de Consumo – CIEC). Dito de outro modo, não se custeiam os encargos gerais da comunidade mas apenas as prestações de que se é causador ou beneficiário.

3. As funções financeira e de regulação ou de ordenação

Pensamos que a extrafiscalidade deve estar igualmente sujeita a exigências jurídico-constitucionais como a *reserva de lei*[179] (artigo 103.°, n.° 2, da Constituição da República Portuguesa).

O Direito Fiscal, estando ao serviço dos cidadãos em geral, não pode estar alheio ao bem-estar social, económico e ambiental da comunidade, devendo orientar as ações humanas para um relacionamento mais harmonioso com os valores e as boas práticas sociais e ambientais. Mais, o próprio conceito de imposto reflecte a relação que num dado momento se estabelece entre o Estado e os cidadãos, designadamente ao nível das funções desempenhadas pelo Estado e igualmente o papel mais ou menos intervencionista do Estado na sociedade e na economia e de maior ou menor valorização dos mercados. Estamos com João Ricardo Catarino, quando este autor observa que «O intervencionismo não deixa de valorizar os mercados, mas as finanças púbicas são amplamente utilizadas para induzir o crescimento económico e bem assim para desenvolver um vasto conjunto de políticas públicas na medida em que o Estado se assume como um agente (muito) interessado e activo na promoção do bem-estar geral. As políticas sociais são alargadas e os Estados tendem a substituir-se aos cidadãos e aos demais agentes económicos na promoção do bem-estar individual e colectivo.

Por outro lado, ainda, mais recentemente, as finanças do sistema capitalista têm conhecido uma evolução extraordinária. Os Estados não são o único agente do bem-estar. Nos nossos dias, tanto as instituições sociais internas como as organizações internacionais, muitas vezes privadas, jogam um papel preponderante não apenas na promoção do bem-estar como se alargam

---

[179] J. Casalta Nabais defende que a extrafiscalidade não está vinculada à reserva de lei, dado não emergir da Constituição Fiscal, mas da Constituição Económica (*Direito Fiscal*, 9.ª Edição, Almedina, Coimbra, 2016, p. 80).

ao ativismo político, ecológico, social, pondo em questão a centralidade do papel dos Estados e dos governos»[180].

A extrafiscalidade constitui, como vimos, algo que vai para além da mera obtenção de receitas mediante o imposto, estando intimamente relacionada com a ordenação da economia e da sociedade, em conformidade com os valores constitucionais dominantes, podendo consubstanciar-se, designadamente, em benefícios fiscais, taxas progressivas, etc.

O imposto assume, assim, duas funções medulares: uma função estritamente *financeira* mas também uma função de *regulação* ou de *ordenação* (ex: tributação autónoma)[181]. Estamos assim com Ricardo Lobo Torres, quando este autor brasileiro observa lucidamente que, «A extrafiscalidade, como forma de intervenção estatal na economia, apresenta uma dupla configuração: de um lado, a extrafiscalidade se deixa absorver pela fiscalidade, constituindo a dimensão finalista do tributo; de outro, permanece como categoria autônoma de ingressos públicos, a gerar prestações não tributárias»[182]. Entre nós, J. Casalta Nabais define a

---

[180] João Ricardo Catarino, *Finanças Públicas e Direito Financeiro*, 2.ª Edição Revista, Actualizada e Aumentada, Almedina, Coimbra, 2014, pp. 50-51.

[181] Por exemplo, as despesas não documentadas são tributadas autonomamente, à taxa de 50 %, sem prejuízo da sua não consideração como gastos (artigo 88.°, do CIRC). Como dissemos em outra sede, a tributação autónoma constitui uma forma de tributação de um acto de despesa, não atendendo ao rendimento real da empresa, garantindo receita para o Estado, mas, por outro lado, o legislador procura dissuadir os contribuintes do recurso ao mecanismo das despesas não documentadas, atendendo a que se trata de uma zona de elevado risco de evasão e fraude fiscal ou até de outras formas de ilicitude – ex: corrupção, distribuição oculta de dividendos, pagamentos a administradores e/ou trabalhadores das empresas, etc (Paulo Marques/ Rui Marques, *A (in)constitucionalidade da tributação autónoma – reflexões sobre a jurisprudência constitucional*, Revista Portuguesa de Contabilidade, Vol. VI, n.° 021, Lisboa, 2016, pp. 157-158).

[182] Ricardo Lobo Torres, *Curso de Direito Financeiro e Tributário*, Renovar, Rio de Janeiro, 2001, p. 167.

extrafiscalidade como sendo o «conjunto de normas que, embora formalmente integrem o direito fiscal, tem por finalidade principal ou dominante[183] a consecução de determinados resultados económicos ou sociais através da utilização do instrumento fiscal e não a obtenção de receitas para fazer face às despesas públicas»[184].

O imposto, a par da sua função arrecadatória, pode e deve intervir como importante elemento ordenador social e económico para construir uma comunidade melhor, protegendo, incentivando ou mesmo dissuadindo os contribuintes de certas condutas, daí o fenómeno da *extrafiscalidade*[185], a qual consiste na promoção efectiva de direitos fundamentais e de políticas públicas com impacto no comportamento dos contribuintes. Estamos, assim, com FRANCIS GRANDQUILLOT, o qual define o imposto como sendo a obrigação de pagamento com caráter definitivo, sem contrapartida específica, que tem em vista a satisfação de despesas públicas ou mesmo com a *finalidade de intervenção económica ou social*[186].

Não sendo os impostos, no Estado Social[187], uma realidade eticamente *neutra*[189], importa perscrutar o seu verdadeiro elemento

---

[183] Pelo que nada impede que o tributo extrafiscal tenha como finalidade secundária, ainda assim, a arrecadação de receitas.

[184] J. CASALTA NABAIS, *O Dever Fundamental de Pagar Impostos*, Teses, Almedina, Coimbra, 2009, pp. 629 e ss.

O fiscalista SÉRGIO VASQUES fala-nos em «funcionalização dos tributos públicos a finalidades diferentes daquelas que lhes são prototípicas» (*O Princípio da Equivalência como Critério de Igualdade Tributária*, Teses, Almedina, Coimbra, 2008, pp. 577-578).

[185] Ex: a tributação das importações como meio de proteger os produtos nacionais.

[186] FRANCIS GRANDQUILLOT, *Fiscalité Française*, Gualino Éditeur, Paris, 2011, p. 23.

[187] Nas palavras de SOFIA GALVÃO TELES, «o Estado social utiliza o imposto, mais do que como fonte de receita, como um instrumento indispensável ao financiamento e à promoção dos direitos fundamentais de terceira geração, ao incentivo ou desincentivo económico, à política social, ao incentivo às

teleológico ou finalístico (fiscal/extrafiscal), uma vez que constituem um instrumento de pedagogia cívica com vista a melhorar e intervir construtivamente na sociedade, consubstanciados numa ampla ação de política económica, social e ambiental[189] e não já estritamente financeira[190]. O Estado vai, assim, mais além, com o propósito de dar prevalência aos preceitos constitucionais que a mera fiscalidade do tributo não faz. De resto, a tributação promove a justiça social, a igualdade de oportunidades e as necessárias correcções das desigualdades[191] na distribuição da riqueza e do

---

externalidades positivas em sede ambiental, ao investimento, entre outras finalidades que vai, a propósito de outras matérias constitucionais, tratando» (*A extrafiscalidade na Constituição da República Portuguesa de 1976*, Da Extrafiscalidade, Coord. Manuel Pires, Universidade Lusíada Editora, Lisboa, 2011, p. 200).

188 A preservação e consolidação do Estado Social é, em si mesma, um objectivo também ético (António Carlos dos Santos, *Vida, Morte e Ressurreição Estado Fiscal*, in Revista de Finanças Públicas e Direito Fiscal, Ano 6, Número 1, Primavera, IDEFF, Almedina, Coimbra, 2013, p. 51).

189 Por exemplo, no âmbito da Reforma da Fiscalidade Verde, a Lei n.º 82-D/2014, de 31 de Dezembro, criou uma contribuição de €0,08 (a que acresce IVA) a suportar pelo consumidor final, relativamente aos sacos de plástico abaixo de uma determinada gramagem (entendida como fonte poluidora mais gravosa) adquiridos pelos estabelecimentos comerciais a retalho. Visou-se com a medida inibir definitivamente a utilização de tais sacos, ao ponto de o montante da contribuição ser superior ao valor de comercialização de sacos de plástico com gramagens mais elevadas e não sujeitos à contribuição. Ou seja, poderá afirmar-se que a finalidade financeira esteve muito pouco presente, se não mesmo ausente, na criação desta contribuição. E refira-se que esta medida teve um sucesso assinalável: da previsão inicial de receita de 40 milhões de Euros, não se atingiram sequer 2 milhões de Euros no primeiro ano (2015), devido a uma efetiva alteração do comportamento dos agentes económicos.

190 Cfr. João Ricardo Catarino, *Para uma Teoria Política do Tributo*, Cadernos de Ciência e Técnica Fiscal, n.º 184, Ministério das Finanças, Direcção-Geral dos Impostos, Centro de Estudos Fiscais, Lisboa, 1999, p. 204.

191 A tributação do consumo visa adaptar a estrutura do consumo à evolução das necessidades do desenvolvimento económico e da justiça social,

rendimento (artigo 5.°, n.° 1, *2.ª parte*, da LGT)[192], sendo que alguma doutrina especialmente qualificada tende a enquadrar o Estado Ambiental no próprio Estado Social ou de Justiça Social. Assim, estamos com MARIA DA GLÓRIA GARCIA, quando esta autora refere que, «O Estado Ambiental tende, pois, a ser um Estado Social ou de justiça social, na sua conceção abstrata e na sua realização concreta. Comunidade e Estado estão, em razão da realização do direito, condenados a um destino comum»[193].

A extrafiscalidade, distancia-se, como já se disse, e ao mesmo tempo complementa ou até concorre com a finalidade meramente arrecadatória de recursos financeiros para o Estado, almejando antes a correcção de distorções sociais, económicas ou mesmo ambientais. Mais, o imposto opera a regulação, pelo Estado, da própria atividade económica do mercado, sobretudo no que respeita à produção e circulação de bens e serviços. Ao reduzir a carga fiscal associada à aquisição de certos bens, o Estado fomenta a sua produção e circulação, aumentando inclusivamente a própria capacidade aquisitiva dos contribuintes. De igual modo, quando o Estado tributa mais gravosamente produtos supérfluos ou nocivos, desestimula a sua produção e a sua aquisição pelos consumidores finais.

Podemos assim distinguir os tributos com *finalidade* extrafiscal (extrafiscalidade imanente ou concorrente) dos tributos com *efeitos* extrafiscais (extrafiscalidade em sentido estrito). Os primeiros têm essencialmente um propósito ordenador e mesmo que exista

---

devendo onerar os consumos de luxo (artigo 104.°, n.° 4, da Constituição da República Portuguesa).

[192] Incumbe prioritariamente ao Estado no âmbito económico e social promover a justiça social, assegurar a igualdade de oportunidades e operar as necessárias correcções das desigualdades na distribuição da riqueza e do rendimento, nomeadamente através da política fiscal (artigo 81.°, n.° 1, alínea b), da Constituição).

[193] MARIA DA GLÓRIA FERREIRA PINTO DIAS GARCIA, *O Lugar do Direito na Protecção do Ambiente*, Almedina, Coimbra, 2007, p. 317.

igualmente uma finalidade arrecadatória, esta tem um mero cariz acessório. Mais, em muitos casos, uma menor arrecadação significa mesmo uma maior eficácia extrafiscal do tributo (extrafiscalidade *pura*)[194]. Por sua vez, os tributos com meros efeitos extrafiscais têm como marca dominante o intuito recaudatório, mas não deixam de ter um traço extrafiscal, não se distinguindo, no essencial, dos tributos, em geral.

Por exemplo, a tributação ambiental, mesmo quando não implique maior receita para os cofres do Estado, pode, dado que gera incentivos para comportamentos menos nocivos, pelo menos significar menos despesa para o Estado, uma vez que a poluição também pode acarretar mais despesas, por exemplo, para o próprio sistema nacional de saúde, decorrente do tratamento de doenças respiratórias. Por seu lado, elevados níveis de poluição numa região do país podem contribuir para uma menor actividade agrícola e turística, essas geradoras de riqueza suscetível de ser tributada.

Na criação de normas de tributação, o legislador tem sempre presentes os seus efeitos sociais e económicos, atento o elemento finalístico[195] do imposto. A ideia subjacente ao imposto é sempre a de servir a comunidade, sendo a arrecadação de recursos financeiros um mero instrumento face ao objetivo principal que não pode deixar de ser a prossecução do interesse público consagrado na lei, sob pena de ausência de eticização dos impostos[196]

---

[194] Por exemplo, as taxas previstas do IMI são elevadas, anualmente, ao triplo nos casos de prédios urbanos que se encontrem devolutos há mais de um ano e de prédios em ruínas, considerando-se devolutos ou em ruínas, os prédios como tal definidos em diploma próprio (artigo 112.°, n.° 3, do Código do IMI). Isto significa que tanto menor é a receita arrecadada quanto maior eficácia existir no combate à degradação do parque habitacional. Outro exemplo será a acima mencionada contribuição dos sacos de plástico.

[195] A interpretação teleológica busca os *fins* da norma legal.

[196] Como ensinava de modo lapidar J. J. Teixeira Ribeiro, «A verdade, porém, é que nunca os impostos fiscais são exclusivamente fiscais, uma vez

4. Neutralidade fiscal

Os impostos enquadram-se, não raras vezes, também numa lógica de *neutralidade* fiscal, como por exemplo, no âmbito da Reforma da Fiscalidade Verde, em que se assumiu o compromisso de que o aumento líquido da receita tributária terá que ser utilizada para operar a diminuição de outros impostos, designadamente, sobre o rendimento. A tributação tem umbilicalmente uma finalidade social intrínseca, estando os impostos comprometidos permanentemente com a redistribuição do rendimento e da riqueza (justiça social) e o desenvolvimento económico (ou crescimento sustentável). Daqui decorre que não só o sistema fiscal não deve funcionar como óbice a esses propósitos, como existe mesmo o imperativo legal de os promover activamente, ao abrigo do artigo 9.°, da Constituição da República Portuguesa.

---

que o Estado, ao lançá-los, tem sempre em mira certa repartição dos encargos pelos contribuintes; nem nunca os impostos extrafiscais são exclusivamente extrafiscais, uma vez que as receitas dos próprios impostos só com outras finalidades que não a cobertura das despesas acabam sempre, mais cedo ou mais tarde, por ser nela aplicados» (*Lições de Finanças Públicas*, 5.ª Edição, 1997, pp. 259-260). De igual modo, Marcus de Freitas Gouvêa assinala que, «Fiscalidade e extrafiscalidade, advirta-se, estão sempre e necessariamente juntas. Separam-se, apenas, hipoteticamente, para maior clareza de exposição. Eventualmente, na experiência jurídica, verifica-se a preponderância de um dos princípios, porém não supressão de um em prol da existência de outro» (*A Extrafiscalidade no Direito Tributário*, Belo Horizonte, 2006, p. 47). Ainda Tulio Rosembuj assevera igualmente que, «os fins extrafiscais, não são, por definição, contraditórios com a função de financiamento do gasto público, se a finalidade é digna de tutela do ponto de vista do ordenamento jurídico financeiro» (*Los tributos y la protección del Medio Ambiente,* Editorial Marcial Pons, Madrid, 1995, p. 245).

No entanto, como já se viu, o carácter *excecional* dos benefícios fiscais (artigo 2.°, n.° 1, do EBF) deve ser conjugado com o interesse público de arrecadação de receita, uma vez que a lei prevê, inclusivamente, a extinção dos benefícios fiscais em caso de não pagamento de impostos (artigo 14.°, n.° 5, do EBF).

IX
A NECESSIDADE DE DISCRIMINAÇÃO POSITIVA DOS CONTRIBUINTES CUMPRIDORES E A CRIMINALIZAÇÃO DAS INFRACÇÕES TRIBUTÁRIAS

1. Enquadramento

O interesse financeiro[197] consubstanciado na arrecadação de receitas públicas para a satisfação das necessidades do Estado e dos demais entes públicos, não pode fazer esquecer a ideia cada vez mais pertinente e meritória da defesa do contribuinte cumpridor[198], facilitando-se[199] e valorizando-se social e eticamente

[197] A própria administração tributária, no exercício da sua relevante atividade pública, deverá prosseguir o interesse público *lato sensu*, não estando este limitado a uma mera e restrita dimensão financeira e orçamental.

[198] O contribuinte cumpridor tem um verdadeiro direito à eficácia fiscal e a uma subsequente prestação de contas (*accountability*) por parte do Estado. O legislador no artigo 64.º-B, da LGT estabelece que o governo fica vinculado à apresentação anual ao Parlamento, mais concretamente até ao final do mês de Junho de cada ano, um relatório detalhado sobre a evolução do combate à fraude e à evasão fiscais em todas as áreas da tributação, explicitando os resultados alcançados, designadamente quanto ao valor das liquidações adicionais realizadas, bem como quanto ao valor das colectas recuperadas nos diversos impostos.

[199] A facilitação do cumprimento voluntário das obrigações declarativas e de pagamento através de novas tecnologias, disponibilizando novas funcionalidades de comunicação e pagamento através dos serviços da AT existentes no Portal das Finanças, constitui outra das medidas a implementar de modo persistente e constante. Refira-se, conforme se demonstrou em outra sede,

quem paga os seus impostos e mesmo os terceiros que colaboram na prossecução do interesse público fiscal. Neste último caso, avultam com especial destaque os agentes económicos que deduzem ou cobram junto de outros contribuintes os impostos destes (ex: entidades patronais que operam a retenção na fonte do IRS relativamente às remunerações pagas aos seus trabalhadores, agentes económicos que liquidam o IVA aos seus clientes, etc), entregando-os nos cofres do Estado. Actuando estes agentes como verdadeiros "*cobradores de impostos*"[200] ao serviço do Estado, prati-

---

«A Administração Tributária e a utilização de serviços eletrónicos: a situação a nível Europeu», que Portugal apresenta-se como um dos primeiros países a introduzir os serviços eletrónicos na administração tributária, tendo sido pioneiro em muitos serviços. Quer as empresas, que têm a obrigatoriedade referida, quer os indivíduos, utilizam intensivamente este recurso. Os serviços eletrónicos da administração tributária portuguesa estão ao nível do que de melhor se faz na Europa e no mundo. Naturalmente que o mérito deve ser atribuído a quem de direito: aos profissionais da AT, que com elevado espírito de missão dão todos os dias passos em frente na cidadania fiscal. Não imaginamos, de resto, outra solução para este desígnio, além de cada vez mais empenho, inovação, rigor e competência. Joaquim Miranda Sarmento, *Administração Tributária e a utilização de serviços eletrónicos: e situação a nível europeu*, in Revista do Sindicato dos Trabalhadores dos Impostos, Lisboa, 2016.

Segundo esta nova conceção, a cidadania fiscal assenta não apenas no fim de arrecadação de receitas para a realização das tarefas fundamentais do Estado (*interesse público*), mas também pela regulação justa daquele interesse com o interesse correlativo e antagónico do contribuinte (*interesse privado*). Erige-se assim um novo paradigma, desta vez de crescente relação *paritária* com o contribuinte, sendo os contribuintes convocados a participar no esforço de combate à evasão fiscal e à economia paralela (ex: colaboração no recente projeto da *e-factura*), caminhando-se para que o aumento sustentado da receita tributária conseguido reverta a seu favor, mediante um crédito fiscal futuro. O objetivo é potenciar a participação do cidadão no funcionamento e no aperfeiçoamento dos instrumentos de controlo fiscal dos contribuintes faltosos, de modo a consolidar a igualdade efetiva entre todos os contribuintes e a criar a ideia de que o incumprimento fiscal não compensa.

[200] Germano Marques da Silva fala em «leal exercício de uma função pública, delegada no substituto, no cobrador do imposto» (Paulo Marques,

cam verdadeiros "actos privados com efeitos públicos", pelo que não se vê como não deva o legislador valorizar a colaboração que os mesmos prestam para uma tarefa que caberia originariamente à administração tributária[201] e que, em caso de inobservância do dever de entrega[202], levará o Estado a desencadear os mecanismos coercivos subjacentes ao processo de execução fiscal[203] (artigos 148.° e ss., do CPPT).

Trata-se de concretizar o princípio da igualdade[204] efectiva entre todos os contribuintes ("tratar igualmente os iguais e desi-

---

Crime de Abuso de Confiança Fiscal – Problemas do Actual Direito Penal Tributário, 2.ª Edição Aumentada, Coimbra Editora, Coimbra, 2012, p. 10).

201 O Tribunal da Relação do Porto veio esclarecer no Acórdão proferido em 12 de Novembro de 2003 (Proc. n.° 0313696) que «As quantias retidas a título de IRS e IVA não são propriedade de quem as retém, mas da administração tributária».

202 A falta dolosa de entrega quando esteja em causa uma prestação tributária superior a €7.500 por declaração, configura o crime de abuso de confiança fiscal (artigo 105.°, do RGIT). No entanto, entendemos que o recebimento do imposto constitui um requisito necessário ao preenchimento daquele tipo legal de crime, um pouco à semelhança do que sucede no crime de confiança comum (artigo 205.°, do CP). Neste sentido *vide* Paulo Marques e Joaquim Miranda Sarmento, *O Recebimento do IVA e o Crime de Abuso de Confiança Fiscal – Uma Reflexão sobre o Acórdão Uniformizador de Jurisprudência do Supremo Tribunal de Justiça*, Revista *Julgar*, Associação Sindical dos Juízes Portugueses, Lisboa, Julho de 2015. Cfr. ainda Germano Marques da Silva, *Direito Penal Tributário*, Universidade Católica Editora, Lisboa, 2009, p. 243 e; Pedro Correia Gonçalves, *Do abuso de confiança: em busca dos seus elementos constitutivos*, Revista da Faculdade de Direito da Universidade de Lisboa, Volume 50. N.°s 1-2, Coimbra Editora, Coimbra, 2009, pp. 443-476.

203 Em 2020 a carteira da dívida em execução fiscal situou-se em €22.033 milhões, encontrando-se suspensa €8.436 milhões. No mesmo ano alcançou-se o valor de €932 milhões no que respeita à cobrança coerciva de dívidas fiscais (Fonte: Relatório de Actividades Desenvolvidas de "Combate à Fraude e Evasão Fiscais e Aduaneiras" – 2020, Junho de 2021).

204 Nesse âmbito, o Fisco enverga a nobilíssima mas igualmente difícil indumentária de defender os interesses legítimos dos contribuintes cumpridores a quem assiste o direito de que tudo se faça nos termos da lei para que

gualmente os desiguais, na medida de sua desigualdade") e de incentivar as boas práticas tributárias (artigo 32.°, da LGT).

Por seu lado, os agentes económicos que cobram impostos a outrem (ex: aos trabalhadores, prestadores de serviços, locadores, clientes, etc.)[205], incorrem em custos de tempo, monetários e psicológicos[206] muito significativos, e libertam o Estado de diversas despesas públicas[207], o que não pode ser ignorado pelo legislador.

---

nenhum cidadão ou empresa se exima à observância das obrigações fiscais. A cidadania fiscal radica necessariamente num binómio direito-dever e incumbe à Administração Tributária levar por diante essa complexa missão de modo a viabilizar a concretização das tarefas fundamentais do Estado.

205 É o caso da *substituição tributária*, a qual verifica-se quando, por imposição da lei, a prestação tributária for exigida a pessoa diferente do contribuinte, mais concretamente mediante o mecanismo de retenção na fonte (artigos 20.°, n.°s 1 e 2, da LGT e 21.°, do Código do IRS), ou da *repercussão tributária*, consistindo esta na transferência, total ou parcial, do encargo tributário para pessoa diferente do contribuinte de direito (artigo 27.°, do Código do IVA).

206 Cedric Sandford; Michael Godwin e Peter Hardwick, *Administrative and Compliance Costs of Taxation*, Bath, Fiscal Publications, 1989, p. 12.

207 Segundo Hugo Flores da Silva, «A prossecução privada de tarefas públicas constitui uma via susceptível de garantir a realização daquelas atividades, por um lado, e o tendencial afastamento dos custos a elas inerentes da esfera jurídica estadual, por outro» (*Privatização do Sistema de Gestão Fiscal*, Coimbra Editora, Coimbra, 2014, p. 71).

No entanto, todas as receitas são previstas pela importância integral em que foram avaliadas, sem dedução alguma para encargos de cobrança ou de qualquer outra natureza (artigo 15.°, n.° 1, da Lei de Enquadramento Orçamental).

Não são muitas as bases disponíveis para calcularmos o custo que têm os contribuintes com o cumprimento das suas obrigações fiscais e, ainda menos, o concreto custo com a cobrança de impostos. Podemos, contudo, referir o estudo "Burocracia da Administração Pública", realizado em 2014 pela Associação Portuguesa de Empresas de Distribuição, que calculou que os seus associados (menos de 150) gastaram 82.492 horas com o cumprimento de obrigações fiscais perante a AT (com um custo calculado de 2.791.638€).

2. Uma sugestão: majoração na dedução dos encargos com o cumprimento fiscal

Para a determinação do lucro tributável, são dedutíveis *todos* os gastos e perdas incorridos ou suportados pelo sujeito passivo para obter ou garantir os rendimentos sujeitos a IRC[208], designadamente aqueles que forem considerados necessários para o cumprimento das obrigações legais de cobrança de imposto junto de terceiros.

Neste âmbito, uma sugestão que se revela pertinente tem que ver com a introdução de uma majoração na dedução daqueles gastos, até por uma razão de coerência, unidade e equidade na relação jurídica tributária. Quando o Estado amplia as suas tarefas, é corrente exigir-se mais impostos aos cidadãos-contribuintes. Então, seguindo idêntico raciocínio, deverá ser igualmente adequado e justo conferir-se uma dedução majorada aos agentes económicos aos quais o legislador exige tarefas especialmente onerosas de cobrança de impostos. Esta majoração, a ser implementada pelo legislador, incentivaria e premiaria o cumprimento fiscal. Em relação aos contribuintes não cumpridores, não só não deveria existir essa majoração na dedução, como a melhor solução poderia ser eventualmente a redução ou mesmo o cancelamento da dedução dos encargos com o (in)cumprimento fiscal.

3. A protecção penal do cidadão contribuinte-cumpridor

Sintomático da especial protecção penal da vítima (o «cidadão--contribuinte cumpridor»), personificada pelo Estado Fiscal de Direito, é o facto do legislador prever no âmbito do Regime Geral das Infracções Tributárias, a criminalização de diversas condutas dolosas dos contribuintes incumpridores (ex: dissipação de

[208] Artigo 23.º, n.º 1, do Código do IRC.

património em prejuízo do fisco, obtenção indevida de reembolso de imposto, falta de entrega de imposto superior a €7.500, etc), os quais constituem *crime públicos*, logo não dependentes do respectivo procedimento criminal de *queixa*[209]. Não se trata, mesmo no crime de abuso de confiança fiscal, de estabelecer a "*prisão por dívidas*"[210], dado aquela estar interdita, daí, o legislador referir expressamente na letra do preceito incriminador (artigo 105.°, n.° 1, do RGIT) a não «*entrega*» e não propriamente ao não «*pagamento*» de tributo. O verbo «*entregar*» provém etimologicamente do vocábulo latino «*integrare*», isto é, passar às mãos de outrem; depor nas mãos de; confiar. Neste sentido, o Tribunal da Relação do Porto veio esclarecer no Acórdão proferido em 12 de Novembro de 2003 (Proc. n.° 0313696) que «As quantias retidas a título de IRS e IVA não são propriedade de quem as retém, mas da administração tributária. O crime de abuso de confiança fiscal consiste em "*não entregar*" (*o que é diferente de "pagar")* à administração tributária a prestação deduzida».

No entanto, é caso para perguntar: «*Não será preferível corrigir, recuperar, e educar um ser humano que cortar-lhe a cabeça?*» (Fiodor Dostoievski).

---

[209] A administração e os seus profissionais exercem no processo de inquérito fiscais os poderes-funções de autoridade de polícia criminal/órgão de polícia criminal na dependência funcional mas não hierárquica do Ministério Público (artigos 40.°, n.°s 1, 2 e 3 e 41.°, n.°s 1 e 2, do RGIT). Em 2020 instauraram-se 2.716 processos de inquérito criminal fiscal, correspondendo o abuso de confiança fiscal a 74%, a fraude fiscal a 9%, frustração de créditos a 3% e burla tributária a 1% (Fonte: Relatório de Actividades Desenvolvidas de "Combate à Fraude e Evasão Fiscais e Aduaneiras" – 2020, Junho de 2021).

[210] Na lição do penalista Germano Marques da Silva «O bem jurídico tutelado pelos crimes tributários é o "sistema tributário", entendido numa perspectiva funcional, como o conjunto de actividades a desenvolver pelo Estado e outros entes públicos para a obtenção dos recursos financeiros e para a aplicação destes na satisfação das necessidades lhes cumpre realizar» (*Direito Penal Tributário*, Universidade Católica Editora, Lisboa, 2009, p. 92).

X
EVOLUÇÃO DA DÍVIDA PÚBLICA E DA CARGA FISCAL EM PORTUGAL

1. Enquadramento

Tem havido em Portugal uma forte e acesa discussão sobre o tema da *carga fiscal* e (embora menos dado a maior complexidade técnica), do *esforço fiscal*, bem como da *dívida pública*[211]. Importa, pois, definir os conceitos em análise, bem como analisar a respectiva evolução no nosso país. Refira-se que existe uma relação biunívoca entre *défice* e *dívida pública*. Um aumento do défice corresponde, *ceteris paribus*, a um aumento da dívida, e um aumento da dívida conduz a maiores encargos com os juros da dívida pública, o que, *ceteris paribus*, leva a um maior défice orçamental.

A subida contínua da dívida pública desde os anos 70, nos países desenvolvidos, tem sido associada a um menor crescimento económico, a um efeito de envelhecimento das populações, mas também ao efeito das aspirações, pelo menos imediatas, dos cidadãos, os quais demonstram preferência por ter benefícios hoje, mesmo com impacto nos impostos a cobrar amanhã[212]. A teoria

---

[211] Para uma descrição exaustiva das diferentes modalidades de *dívida pública*, *vide*, por exemplo, NAZARÉ DA COSTA CABRAL/GUILHERME WALDEMAR D'OLIVEIRA, *Finanças Públicas e Direito Financeiro*, 1.ª Reimpressão, AAFDL, Lisboa, 2014, pp. 205-206.

[212] A actividade financeira do sector das administrações públicas está subordinada ao princípio da equidade na distribuição de benefícios e custos entre

e alguma evidência empírica têm sugerido que, pelo menos no longo prazo, níveis elevados de dívida pública têm um efeito negativo no crescimento económico, dado o efeito de redução na poupança interna (a poupança mede a parte do rendimento disponível que não é afecta à despesa de consumo final). Se a poupança é positiva, o rendimento não despendido é consagrado à aquisição de activos ou à redução de passivos. Se a poupança é negativa, certos activos são liquidados ou certos passivos aumentam. A taxa de poupança das Famílias mede a parte do rendimento disponível que não é utilizado em consumo final, sendo calculada através do rácio entre a poupança bruta e o rendimento disponível (inclui ajustamento pela variação da participação líquida das Famílias nos fundos de pensões), tendo impacto na formação bruta de capital fixo e consequentemente no crescimento da economia.

2. O défice e a dívida pública

O défice e a dívida são conceitos diferentes. O *défice* traduz um saldo negativo nas contas das administrações públicas, isto é, quando os gastos ou despesas superam os ganhos ou receitas. Já a *dívida pública*[213] traduz o endividamento, isto é, as responsabilidades financeiras do setor das administrações públicas, dado que as receitas não chegaram para a cobertura das despesas efectua-

---

gerações, de modo a não onerar excessivamente as gerações futuras, salvaguardando as suas legítimas expectativas através de uma distribuição equilibrada dos custos pelos vários orçamentos num quadro plurianual (artigo 13.°, n.° 1, da Lei do Enquadramento Orçamental).

[213] O recurso ao endividamento público directo deve conformar-se com as necessidades de financiamento geradas pela execução das tarefas prioritárias do Estado, tal como definidas na Constituição da República Portuguesa, salvaguardar, no médio prazo, o equilíbrio tendencial das contas públicas (artigo 2.°, n.° 1, da Lei n.° 7/98, de 3 de Fevereiro, que aprovou o Regime geral de emissão e gestão da dívida pública).

das. Ou seja, o défice orçamental é um fluxo enquanto a dívida pública é um stock.

O défice excessivo corresponde a uma situação em que o défice orçamental e/ou a dívida pública se encontram num patamar que suplanta os montantes de referência estabelecidos no protocolo anexo ao Tratado de Funcionamento da União Europeia (défice orçamental não deve situar-se acima de 3% do PIB, enquanto a dívida pública não deverá exceder os 60% do PIB). Isto sob pena de ser actividado o Procedimento por Défices Excessivos (PDE), no âmbito do Pacto de Estabilidade e Crescimento, mediante o qual a Comissão Europeia e o Conselho Europeu monitorizam as finanças públicas nacionais.

A dívida pública (a par do défice orçamental e da carga fiscal, que abordaremos de seguida), tem sido central na discussão pública e política nos últimos 20 anos. Isto porque Portugal viu a sua divida pública passar de um valor abaixo dos 60% do PIB em 1995 para um valor acima dos 127% do PIB em 2021, já num cenário de pandemia Covid-19, em que a divida pública subiu significativamente (o que ocorreu em todos os países), devido à quebra das receitas fiscais por redução da actividade económica e ao aumento significativo da despesa pública, quer com saúde, quer com apoios às famílias e empresas.

3. A dívida pública e a carga fiscal

A dívida pública, sobretudo aquela em que o prazo de vencimento é superior a um ano (dívida flutuante), implica responsabilidades financeiras para os contribuintes no futuro, daí a exigência de autorização parlamentar para o efeito (artigo 161.°, alínea h), da Constituição da República Portuguesa).

Contudo, a própria carga fiscal ou nível de fiscalidade tem fortes limitações, constituindo um rácio entre duas variáveis bastante simples: o total de receitas fiscais (impostos e Segurança

Social) e os indicadores de rendimento nacional, não considerando propriamente a capacidade económica, nem a capacidade de cumprimento das obrigações fiscais, nem o nível de desenvolvimento ou o nível de vida das populações. Como tal, dois países com as mesmas ordens de grandeza (T e Y), podem, contudo, ter dimensões bastante díspares em termos de população, rendimento *per capita* ou outros indicadores económicos e sociais. Dessa forma, o facto de termos dois países com o mesmo nível de carga fiscal, não significa que o cumprimento das obrigações fiscais implique o mesmo esforço para as respectivas famílias/empresas. Isso dependerá também (ou sobretudo) da capacidade contributiva de cada país. Daí a necessidade de medir o "*esforço fiscal*" para além da carga fiscal, quer na comparação ao longo do tempo (dado que as variáveis económicas e sociais de um país mudam substancialmente), quer na comparação entre países num determinado momento no tempo.

4. O esforço fiscal, em particular

O *esforço fiscal* permite uma mais detalhada ponderação, conjugando a já referida carga fiscal, agora com uma medida do nível de vida e bem-estar de cada país em concreto, ou, dito de outra forma, do poder de compra dos seus cidadãos (o PIB *per capita* em paridade de poderes de compra).

Olhando para os dados de Portugal, constatamos que a carga fiscal em Portugal tem subido significativamente nos últimos 25 anos, tendo subido cerca de 6 p.p (gráfico 1) (Impostos sobre o rendimento/património: 1.6 p.p (gráfico2); Impostos sobre a produção/importação: 1.8 p.p (gráfico 3); Contribuições Segurança Social: 1.9 p.p. (gráfico 4)). Mas a estrutura fiscal manteve-se praticamente inalterada (gráfico 5).

Gráfico 1 - carga fiscal em PT % PIB (1995-2019; fonte dados - Pordata)

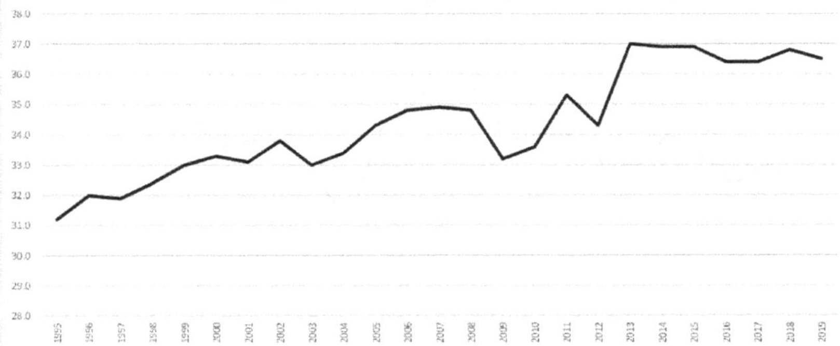

Gráfico 2 - carga fiscal em PT % PIB (1995-2019; fonte dados - Pordata)
(Impostos sobre o Rendimento e o Património)

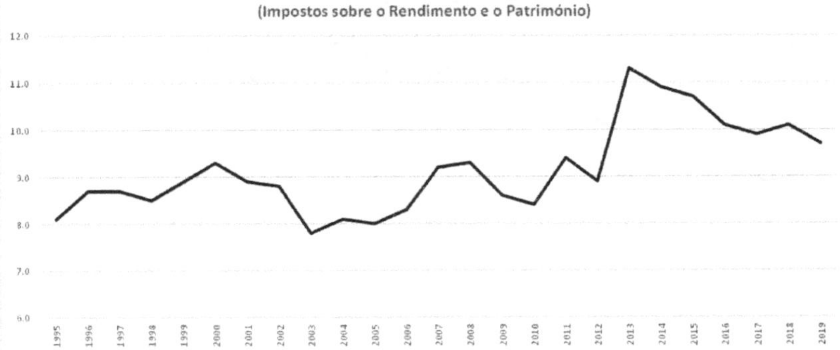

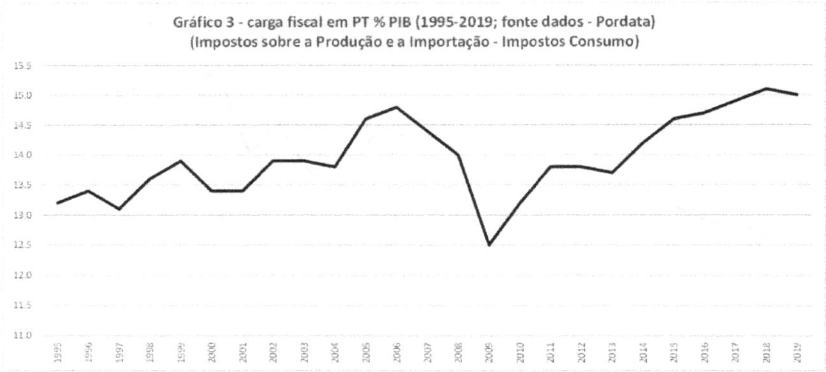
Gráfico 3 - carga fiscal em PT % PIB (1995-2019; fonte dados - Pordata)
(Impostos sobre a Produção e a Importação - Impostos Consumo)

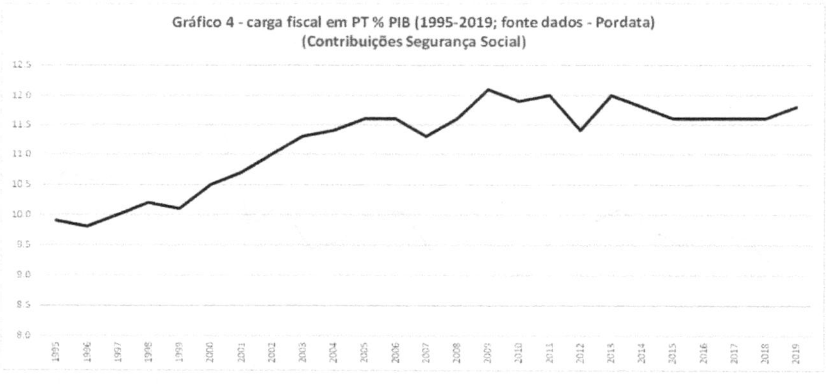
Gráfico 4 - carga fiscal em PT % PIB (1995-2019; fonte dados - Pordata)
(Contribuições Segurança Social)

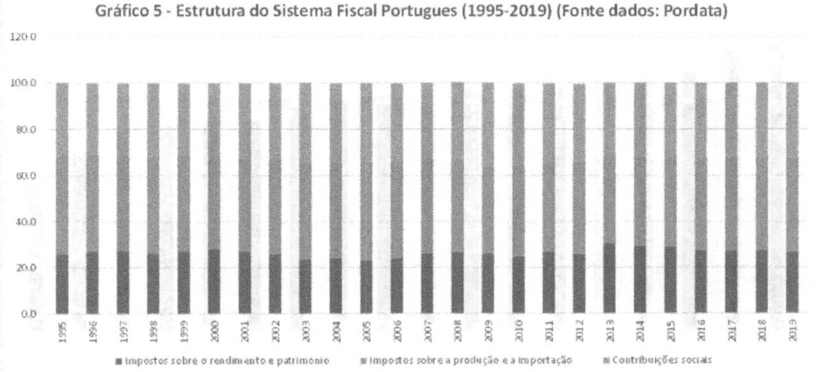

No entanto, comparando Portugal com os estantes países que integram a União Europeia, tendo por base os dados de 2019, os mesmos mostram relativamente a Portugal uma carga fiscal ligeiramente abaixo da média Europeia (Gráfico 6), mas elevada face aos países da Coesão, concorrentes diretos de Portugal (gráfico 7), sobretudo em termos dos impostos sobre o rendimento (gráfico 8) e menos nos impostos sobre o consumo (gráfico 9), estando abaixo da média nas contribuições da Segurança Social (gráfico 10).

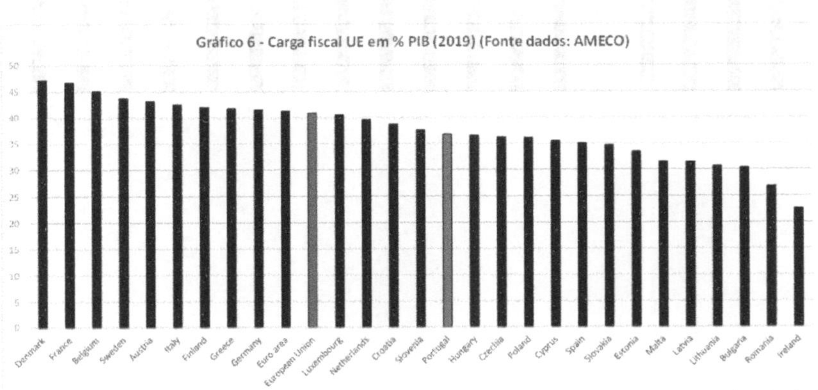

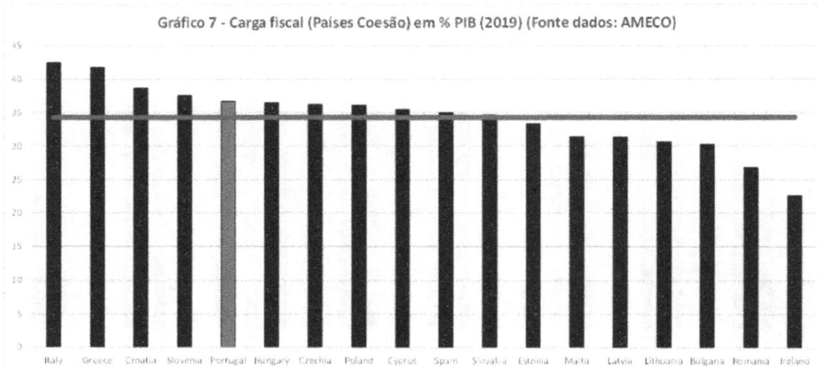
Gráfico 7 - Carga fiscal (Países Coesão) em % PIB (2019) (Fonte dados: AMECO)

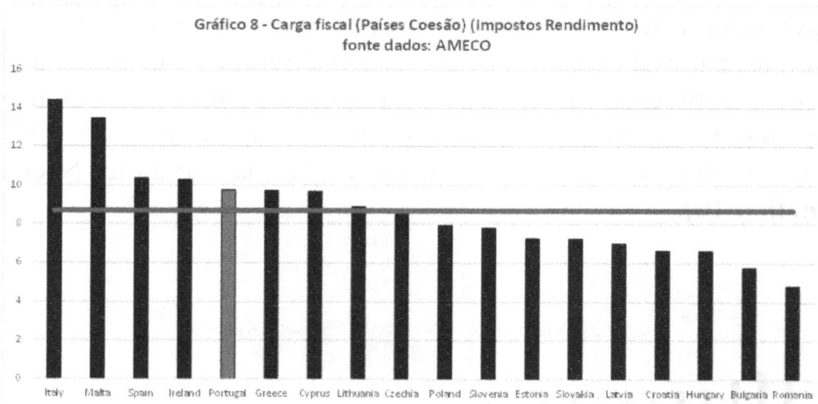
Gráfico 8 - Carga fiscal (Países Coesão) (Impostos Rendimento)
fonte dados: AMECO
16
14
12
10
8
6
4
2
0
Italy
Malta
Spain
Ireland
Portugal
Greece
Cyprus
Lithuania
Czechia
Poland
Slovenia
Estonia
Slovakia
Latvia
Croatia
Hungary
Bulgaria
Romania

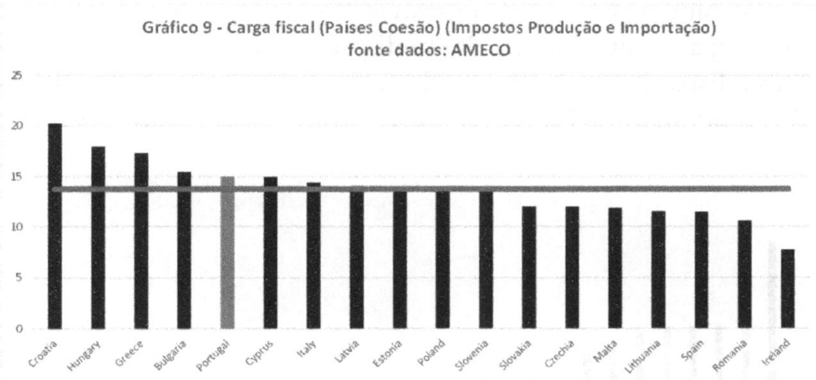
Gráfico 9 - Carga fiscal (Países Coesão) (Impostos Produção e Importação)
fonte dados: AMECO
25
20
15
10
5
0
Croatia
Hungary
Greece
Bulgaria
Portugal
Cyprus
Italy
Latvia
Estonia
Poland
Slovenia
Slovakia
Czechia
Malta
Lithuania
Spain
Romania
Ireland

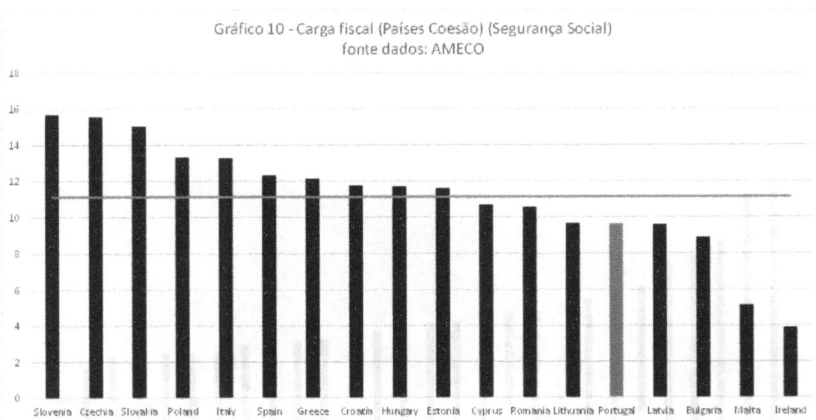
Gráfico 10 - Carga fiscal (Países Coesão) (Segurança Social)
fonte dados: AMECO
18
16
14
12
10
8
6
4
2
0
Slovenia
Czechia
Slovakia
Poland
Italy
Spain
Greece
Croatia
Hungary
Estonia
Cyprus
Romania
Lithuania
Portugal
Latvia
Bulgaria
Malta
Ireland

Se considerarmos o PIB nominal[214] temos que o esforço fiscal de Portugal se situa acima da média europeia, distante de países como a Espanha e Irlanda, sendo que os países menos desenvolvidos tendem a ter Índices maiores (gráfico 11 e gráfico 12)).

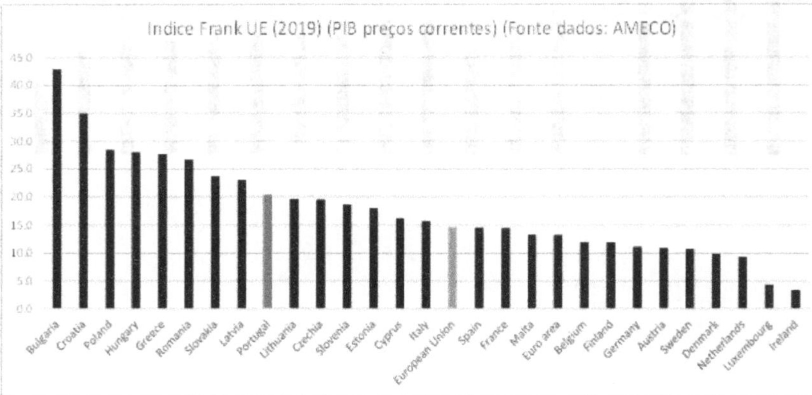

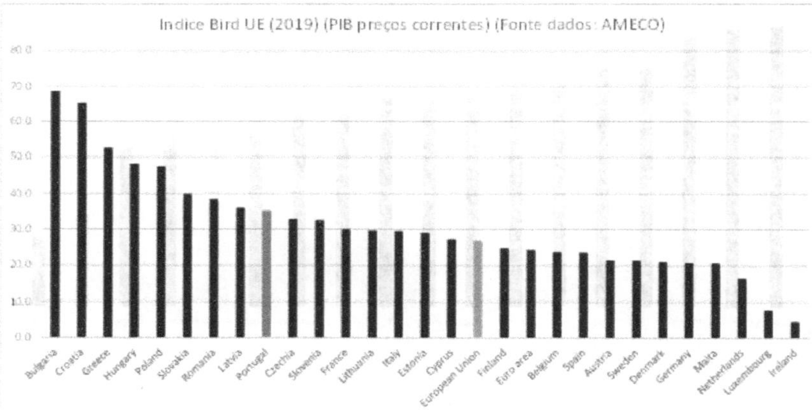

[214] O PIB *nominal* corresponde ao valor do PIB calculado a preços correntes, isto é, no ano em que o produto foi efectivamente produzido e comercializado. Já o PIB *real* é calculado a preços constantes, em que é mesmo escolhido um ano-base para o respectivo cálculo do PIB, suprimindo-se assim o efeito da inflação.

Contudo, é mais correcto usar o PIB medido em PPS (Paridades do Poder de Compra)[215] (gráfico 13 e 14).

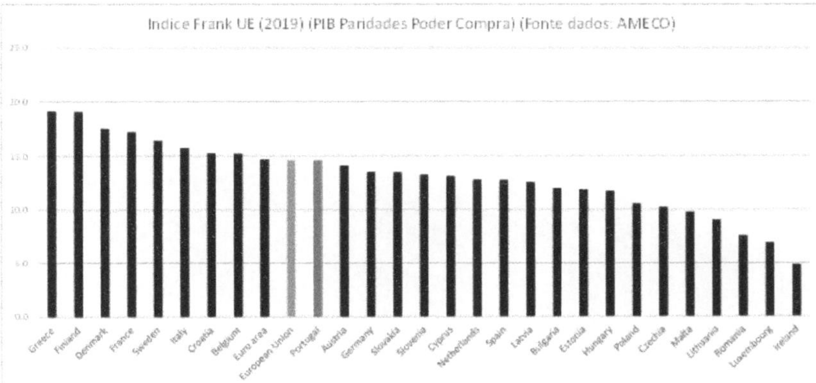

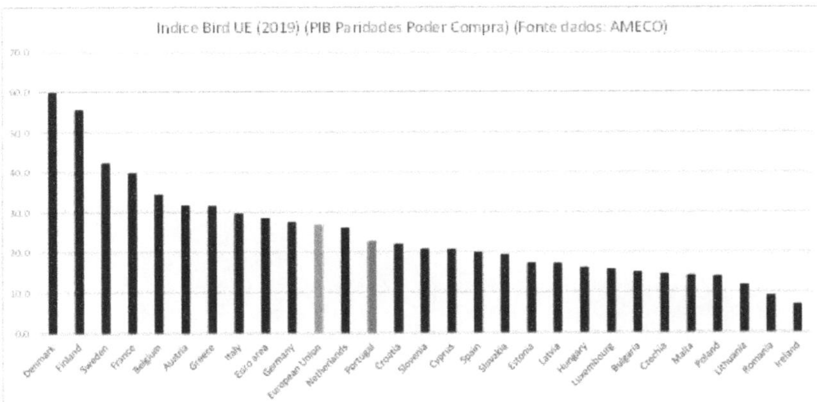

Com o PIB medido em PPS, o Esforço Fiscal de Portugal está em linha com a média Europeia, mas distante de Espanha e Irlanda. Portugal tem um Esforço fiscal (tal como a carga fiscal), muito acima da maioria dos seus concorrentes directos.

---

215 As paridades de Poder de Compra Padrão, ou PPS (*Purchasing Powers Standard*), correspondem a uma unidade monetária artificial, permitindo pelo menos teoricamente, comprar a mesma quantidade de bens e serviços em todos os países.

Mas o *caminho faz-se caminhando*
e temos de ter esperança no futuro!

«A esperança é o sonho
do homem acordado»
Aristóteles

BIBLIOGRAFIA

ALMEIDA, Mário Aroso de – *Teoria Geral do Direito Administrativo,* 5.ª Edição Actualizada e Refundida, Almedina, Coimbra, 2018.

AMARAL, Diogo Freitas do – *História do Pensamento Político Ocidental*, Almedina, Coimbra, 2011.

– *Uma Introdução à Política*, Bertrand Editora, Lisboa, 2014.

– *D. Afonso III, o Bolonhês (1212-1279): Um grande homem de Estado*, Bertrand Editora, Lisboa, 2015.

– *Curso de Direito Administrativo*, Volume II, 3.ª Edição, Almedina, Coimbra, 2016.

– *Da Lusitânia a Portugal – Dois mil anos de história*, Bertrand Editora, Lisboa, 2017.

– *Manual de Introdução ao Direito*, Vol. II, Almedina, Coimbra, 2019.

ANDRADE, Fernando Rocha – *Textos de Finanças Públicas,* Imprensa da Universidade de Coimbra, Coimbra, 2020.

ANDRADE, José Carlos Vieira de – *Comentário ao Artigo 148.º*, Comentários à Revisão do Código do Procedimento Administrativo, Fausto de Quadros/José Manuel Sérvulo Correia/Rui Chancerelle de Machete/José Carlos Vieira de Andrade/Maria da Glória Dias Garcia/Mário Aroso de Almeida/António Políbio Henriques/José Miguel Sardinha, Almedina, Coimbra, 2016.

– *O Papel do Estado na Sociedade e na Socialidade*, in Estudos em Homenagem ao Conselheiro Presidente Rui Moura Ramos, Volume I, Almedina, Coimbra, 2016,

AZEVEDO, Maria Eduarda – *A Fiscalidade Ambiental (Reflexões)*, Estudos em Homenagem ao Professor Doutor Alberto Xavier, Volume II, IDEFF, Faculdade de Direito de Lisboa, Almedina, Coimbra, 2013.

Bonifácio, Maria de Fátima – *D. Maria II*, in Reis de Portugal, Temas & Debates, Lisboa, 2007.

Cabral, Nazaré da Costa – *Contribuições para a segurança social: um imposto que não ousa dizer o seu nome?*, in Estudos em Homenagem ao Prof. Doutor Sérvulo Correia, Volume IV, Coord. Jorge Miranda, Faculdade de Direito da Universidade de Lisboa, Coimbra Editora, Coimbra, 2010.

Cabral, Nazaré da Costa/Martins, Guilherme Waldemar D'Oliveira – *Finanças Públicas e Direito Financeiro – Noções Fundamentais*, 1.ª Reimpressão, AAFDL Editora, Coimbra, 2014.

Caetano, Marcello – *História do Direito Português (1140-1495)*, 2.ª Edição, Verbo, Lisboa, 1985.

Campos, Diogo Leite de – *Tributação dos rendimentos ilícitos*, in Problemas Fundamentais do Direito Tributário, Vislis Editores, 1999.

Campos, Diogo Leite de/Rodrigues, Benjamim Silva/Sousa, Jorge Lopes de – *Lei Geral Tributária – Anotada e Comentada*, 4.ª Edição, Encontro da Escrita Editora, Lisboa, 2012.

Carvalho, Jorge Morais – *Os Limites à Liberdade Contratual*, Almedina, Coimbra, 2016.

Catarino, João Ricardo – *Para uma teoria política do tributo*, in Cadernos da Ciência e Técnica Fiscal n.º 184, Ministério das Finanças, Direcção-Geral dos Impostos, Centro de Estudos Fiscais, Lisboa, 1999.

– *Finanças Públicas e Direito Financeiro*, 2.ª Edição Revista, Actualizada e Aumentada, Almedina, Coimbra, 2014.

Courinha, Gustavo Lopes – *Manual do Imposto sobre o Rendimento das Pessoas Colectivas*, Almedina, Coimbra, 2019.

Dourado, Ana Paula – *O Princípio da Legalidade Fiscal – Tipicidade, Conceitos Jurídicos Indeterminados e Margem de Livre Apreciação*, Teses, Almedina, Coimbra, 2007.

– *Direito Fiscal – Lições*, 6.ª Edição, Almedina, Coimbra, 2021.

Dourado, Ana Paula/Marques, Paulo – *Anotações aos artigos 103.º e 104.º*, in Constituição Portuguesa Anotada – Volume II, 2.ª Edição Revista, Coord. Jorge Miranda/Rui Medeiros, Universidade Católica Editora, Lisboa, 2018.

– *Anotações aos artigos 238.º e 254.º*, in Constituição Portuguesa Anotada – Volume III, 2.ª Edição Revista, Coord. Jorge Miranda/Rui Medeiros, Universidade Católica Editora, Lisboa, 2020.

Duarte, Tiago – *A Lei por detrás do Orçamento – A Questão Constitucional da Lei do Orçamento*, Teses, Almedina, Coimbra, 2007.

Esteves, Maria Assunção – *A constitucionalização do Direito de Resistência*, AAFDL, Lisboa, 1989.

Faveiro, Vítor – *O Estatuto do Contribuinte – A Pessoa do Contribuinte no Estado Social de Direito*, Coimbra Editora, Coimbra, 2002.

Fernandes, Filipe de Vasconcelos – *Direito Fiscal Constitucional – Introdução e Princípios Fundamentais*, AAFDL Editora, Lisboa, 2020.

Ferreira, Eduardo Paz – *Ensaio de Finanças Públicas*, Almedina, Coimbra, 2020.

Ferreira, Eduardo Paz/Martins/Maria d'Oliveira – *Anotações aos artigos 105.º a 107.º*, in Constituição Portuguesa Anotada – Volume II, Coord. Jorge Miranda/Rui Medeiros, 2.ª Edição Revista, Universidade Católica Editora, Lisboa, 2018.

Franco, António L. de Sousa – *Finanças Públicas e Direito Financeiro*, Vol. II, Almedina, Coimbra, 2001.

Freitas, J. Lebre de – *Anotação aos Artigos 817.º a 826.º*, in Código Civil Anotado, Volume I, (Artigos 1.º a 1250.º), Coord. Ana Prata, Almedina, Coimbra, 2017.

Freitas, Lourenço Vilhena de – *Direito do Procedimento Administrativo e Formas de Actuação da Administração*, Parte Geral, Lições ao Curso de Mestrado, AAFDL Editora, Lisboa, 2016.

Garcia, Maria da Glória Dias Garcia – *O Lugar do Direito na Protecção do Ambiente*, Almedina, Coimbra, 2007.

Gonçalves, Pedro Correia – *Do abuso de confiança: em busca dos seus elementos constitutivos*, Revista da Faculdade de Direito da Universidade de Lisboa, Volume 50. N.ºs 1-2, Coimbra Editora, Coimbra, 2009.

Gouvêa, Marcus de Freitas – *A Extrafiscalidade no Direito Tributário*, Belo Horizonte, 2006

Grandquillot, Francis – *Fiscalité Française*, Gualino Éditeur, Paris, 2011.

HERCULANO, Alexandre – *História de Portugal*, Volume II, Bertrand Editora, Lisboa, 2008.

LEITÃO, Luís Manuel Teles de Menezes – *Direito das Obrigações*, Volume I, Introdução. Da constituição das obrigações, 14.ª Edição, Almedina, Coimbra, 2017.

MACHADO, Jónatas E. M./COSTA, Paulo Nogueira da – *Manual de Direito Fiscal – Perspectiva Multinível*, Almedina, Coimbra, 2016.

MARQUES, A. H. de Oliveira – *Breve História de Portugal*, 9.ª Edição, Editorial Presença, Queluz de Baixo, 2015.

MARQUES, Paulo – *Res Fiscalis – Os Direitos Reais na Actividade Tributária*, Volume II, Garantias reais das obrigações, Ministério das Finanças e da Administração Pública, Direcção-Geral dos Impostos, Centro de Formação, 2009.

– *Elogio do Imposto – A Relação do Estado com os Contribuintes*, Apresentação do Prof. Doutor Rogério Fernandes Ferreira, Prefácio da Conselheira Isabel Marques da Silva, Coimbra Editora, Coimbra, 2010.

– *Crime de Abuso de Confiança Fiscal – Problemas do Actual Direito Penal Tributário*, 2.ª Edição Aumentada, Coimbra Editora, Coimbra, 2012.

– *Constituição, legalidade e tipicidade tributária: subsídios para a sua compreensão*, in Revista do Ministério Público, Lisboa, Abril-Junho 2016.

– *A pessoa idosa na fiscalidade – algumas breves notas*, in Direito e Direitos dos Idosos, Coord. Carla Amado Gomes/Ana F. Neves, AAFDL Editora, Lisboa, 2020

MARQUES, Paulo/MARQUES, Rui – *A (in)constitucionalidade da tributação autónoma – reflexões sobre a jurisprudência constitucional*, Revista Portuguesa de Contabilidade, Vol. VI, n.º 021, Lisboa, 2016.

MARQUES, Paulo/SARMENTO, Joaquim Miranda – *O Recebimento do IVA e o Crime de Abuso de Confiança Fiscal – Uma Reflexão sobre o Acórdão Uniformizador de Jurisprudência do Supremo Tribunal de Justiça*, Revista *Julgar*, Associação Sindical dos Juízes Portugueses, Lisboa, Julho de 2015.

MARQUES, Paulo/SARMENTO, Joaquim Miranda/MARQUES, Rui – *IRC – Problemas Actuais*, 2.ª Edição Aumentada e Actualizada, AAFDL Editora, Lisboa, 2018.

MARQUES, Rui – *A maioridade da Lei Geral Tributária como pedra angular no sistema tributário português,* in Revista do Ministério Público, n.º 148, Ano 37, Lisboa, Outubro-Dezembro 2016.

MARTÍNEZ, Pedro Romano – *Introdução ao Estudo do Direito,* AAFDL Editora, Imprensa FDUL, Lisboa, 2021.

MARTINS, Guilherme D'Oliveira – *A responsabilidade financeira do gestor da coisa pública,* in Estudos em Homenagem ao Professor Doutor Paulo de Pitta e Cunha, Volume II, Economia, Finanças Públicas e Direito Fiscal, Org. Jorge Miranda/António Menezes Cordeiro/ Eduardo Paz Ferreira/José Duarte Nogueira, 2010.

MARTINS, Guilherme D'Oliveira MARTINS/MARTINS, Guilherme Waldemar D'Oliveira/ MARTINS, Maria D'Oliveira – *A Lei de Enquadramento Orçamental – Anotada e Comentada,* Almedina, Coimbra, 2009.

MARTINS, Guilherme Waldemar D'Oliveira – *Processo e execução orçamental,* in Finanças Públicas da União Europeia, Coord. João Ricardo Catarino/José F. F. Tavares, Almedina, Coimbra, 2012.

MARTINS, Maria D'Oliveira – *Lições de Finanças Públicas e Direito Financeiro,* 3.ª Edição Revista e Actualizada, Almedina, Coimbra, 2017.

MATOS, André Salgado de – *Código do Imposto do Rendimento das Pessoas Singulares – Anotado,* Instituto Superior de Gestão, Lisboa, 1999.

MILLÁN, Emilio Cencerrado – *El Mínimo Exento – En el Sistema Tributário Español,* Marcial Pons, Madrid, 1999.

MINISTÉRIO DAS FINANÇAS – *Estruturar o Sistema Fiscal no Portugal Desenvolvido,* Almedina, Coimbra, 1998.

– *Relatório da Comissão para o Desenvolvimento da Reforma Fiscal,* Comissão para o desenvolvimento da reforma fiscal, Cadernos de Ciência e Técnica Fiscal, n.º 191, Lisboa, 2002.

– *Competitividade, Eficiência e Justiça do Sistema Fiscal,* Relatório do Grupo para o Estudo da Política Fiscal, Caderno de Ciência e Técnica Fiscal, n.º 209, Centro de Estudos Fiscais, Lisboa, 2009.

MIRANDA, Jorge – *A Constituição e os direitos dos idosos – Brevíssima nota,* in Estudos Comemorativos dos 20 Anos da FDUP, Volume I, Org. Helena Mota/Juliana Ferraz Coutinho/Maria Raquel Guimarães/

Miguel Pestana de Vasconcelos/Paulo de Tarso Domingues/Rute Teixeira Pedro, Almedina, Coimbra, 2017.

– *Anotações aos artigos 108.º a 119.º*, in Constituição Portuguesa Anotada – Volume II, 2.ª Edição Revista, Coord. Jorge Miranda/Rui Medeiros, Universidade Católica Editora, Lisboa, 2018.

Morais, Carlos Blanco de – *Curso de Direito Constitucional*, Funções do Estado e Poder Legislativo no Ordenamento Português, Tomo I, 3.ª Edição, Coimbra Editora, Coimbra, 2015.

Morais, Rui Duarte – *Apontamentos ao Imposto sobre o Rendimento das Pessoas Colectivas*, Almedina, Coimbra, 2009.

– *Tributação separada dos cônjuges e o desafio da simplicidade*, in Estudos em Homenagem ao Professor Doutor Paulo de Pitta e Cunha, Volume II, Org. Jorge Miranda/António Menezes Cordeiro/Eduardo Paz Ferreira/José Duarte Nogueira, Almedina, Coimbra, 2010.

– *Manual de Procedimento e Processo Tributário*, Coimbra Editora, Coimbra, 2012.

– *Manifestações de fortuna e acréscimos patrimoniais não justificados: páginas esquecidas do projeto da comissão de reforma do IRS*, in Cadernos de Justiça Tributária, n.º 14, Braga, (Out.-Dez. 2016),

Moreno, Carlos – *Como o Estado gasta o nosso dinheiro*, 6.ª edição, Caderno, Alfragide, 2010.

Nabais, José Casalta – *O princípio do Estado Fiscal, in* Estudos Jurídicos e Económicos em Homenagem ao Professor João Lumbrales, Faculdade de Direito de Lisboa, Coimbra Editora, Coimbra, 2000.

– *O princípio da legalidade fiscal e os actuais desafios da tributação*, in Boletim da Faculdade de Direito, Coimbra, 2003.

– *A face oculta dos direitos fundamentais: os deveres e os custos dos direitos*, in Estudos em homenagem ao Conselheiro José Manuel Cardoso da Costa, 1.º Volume, Coimbra Editora, Coimbra, 2003.

– *O Dever Fundamental de Pagar Impostos – Contributo para a compreensão constitucional do estado fiscal contemporâneo*, Teses, Almedina, Coimbra, 2004.

– *Por um Estado Fiscal Suportável: Estudos de Direito Fiscal*, Almedina, Coimbra, 2005.

– *Solidariedade Social, Cidadania e Direito Fiscal*, in Estudos Jurídicos e Económicos em Homenagem ao Prof. Doutor António de Sousa Franco, Volume II, Faculdade de Direito da Universidade de Lisboa, Coimbra Editora, Coimbra, 2006.

– *Por uma liberdade com responsabilidade – Estudos sobre direitos e deveres fundamentais*, Coimbra Editora, Coimbra, 2007.

– *Da sustentabilidade do Estado Fiscal*, in Sustentabilidade fiscal em tempos de crise, Coord. J. Casalta Nabais/Suzana Tavares da Silva, Almedina, Coimbra, 2011.

– *Introdução ao Direito Fiscal das Empresas*, 2.ª edição, Almedina, Coimbra, 2015.

– *As finanças públicas e a redistribuição dos rendimentos*, in Boletim de Ciências Económicas, Volume 60, Coimbra, 2017.

– *Direito Fiscal*, 10.ª Edição, Almedina, Coimbra, 2017.

– *Problemas Nucleares de Direito Fiscal*, Almedina, Coimbra, 2020.

– *Sobre a educação e cidadania fiscal*, in Estudos em homenagem ao Professor Doutor Wladimir Brito, Coord. Mário Ferreira Monte/Joaquim Freitas Rocha/Maria de Assunção do Vale Pereira, Almedina, Coimbra, Almedina, 2020.

Neves, João César das – *Princípios de Economia Política*, Verbo, Lisboa, 2010.

Novais, Jorge Reis – *Direitos Sociais – Teoria Jurídica dos Direitos Sociais enquanto Direitos Fundamentais*, Coimbra Editora, Coimbra, 2010.

Otero, Paulo – *Direito do Procedimento Administrativo*, Volume I, Almedina, Coimbra, 2016.

Palma, Clotilde Celorico – *Da Evolução do Conceito de Capacidade Contributiva*, Ciência e Técnica Fiscal n.º 402, Centro de Estudos e Apoio às Políticas Tributárias, Lisboa, Abril-Junho 2001.

– *Tributos e confisco: algumas reflexões*, in Revista de Finanças Públicas e Direito Fiscal, IDEFF, Almedina, Coimbra, Ano 5, n.º 3 (Outono 2012).

Pereira, Paula Rosado – *As diversas vertentes do princípio da capacidade contributiva e o IRS*, in Temas de IRS: Princípios Constitucionais, Tributação e Garantias, Almedina, Coimbra, 2020.

– *Manual de IRS*, 3.ª Edição, Almedina, Coimbra, 2021.

Pereira, Ravi Afonso – *A Execução do Acto Administrativo no Direito Português*, in Estudos em Homenagem ao Professor Doutor Diogo Freitas do Amaral, Almedina, Coimbra, 2010.

Pinto, Carlos Alberto da Mota – *Teoria Geral do Direito Civil*, 3.ª Edição Actualizada, Coimbra Editora, Coimbra, 1996.

Pires, Manuel – *Relatório Nacional de Portugal*, in A unidade familiar como sujeito fiscal, IX Jornadas Luso-Hispano-Americanas de Estudos Tributários, Cadernos de Ciência e Técnica Fiscal, n.º 123, Centro de Estudos Fiscais, Lisboa, 1982.

– *Tributação relativa à Família (Revisitação)*, in Estudos em Homenagem ao Professor Doutor Paulo de Pitta e Cunha, Volume II, Economia, Finanças Públicas e Direito Fiscal, Org. Jorge Miranda/António Menezes Cordeiro/Eduardo Paz Ferreira/José Duarte Nogueira, Almedina, Coimbra, 2010.

Pitão, J. António de França/ Pitão, Gustavo Pitão – *Código de Processo Civil Anotado*, Tomo II, Artigos 703.º a 1085.º, Quid Juris, Lisboa, 2016.

Portocarrero, Marta – *Contratos sobre o exercício de poderes públicos, transação e arbitragem – Ensaio sobre disponibilidade e indisponibilidade do poder administrativo*, Universidade Católica Editora, Porto, 2015.

Prata, Ana – *A tutela constitucional da autonomia privada*, Almedina, Coimbra, 2016.

Queiroz, Eça de – *Orçamento, Défice e Dívida Pública*, Org. José Barros Rodrigues, Caleidoscópio, Casal de Cabra, 2016.

Ribeiro, João Sérgio – *Tributação Presuntiva do Rendimento – Um Contributo para Reequacionar os Métodos Indirectos de Determinação da Matéria Tributária*, Almedina, Coimbra, 2010.

Ribeiro, José Joaquim Teixeira – *Lições de Finanças Públicas,* 5.ª Edição Refundida e Actualizada, Coimbra Editora, Coimbra, 2011.

Rocha, Joaquim Freitas da – *Direito da Despesa Pública,* Almedina, Coimbra, 2019.

– *Direito Financeiro Local (Finanças Locais),* 3.ª Edição, Almedina, Coimbra, 2019.

ROCHA, Joaquim Freitas da/SILVA, Hugo Flores da – *Teoria Geral da Relação Jurídica Tributária*, Almedina, Coimbra, 2017.

RODRIGUES, Benjamim Silva – *Proporcionalidade e progressividade no IRS*, in Estudos em Homenagem ao Conselheiro José Manuel Cardoso da Costa, Coimbra Editora, Coimbra, 2003.

ROQUE, Miguel Prata – *Tratado de Governação Pública*, Volume I, AAFDL Editora, Lisboa, 2021.

ROSEMBUJ, Tulio – *Los tributos y la protección del Medio Ambiente,* Editorial Marcial Pons, Madrid, 1995.

SANDFORD, Cedric/GODWIN, Michael/HARDWICK, Peter – *Administrative and Compliance Costs of Taxation*, Bath, Fiscal Publications, 1989.

SANTOS, António Carlos dos – *Vida, Morte e Ressurreição Estado Fiscal*, in Revista de Finanças Públicas e Direito Fiscal, Ano 6, Número 1, Primavera, IDEFF, Almedina, Coimbra, 2013.

SARAIVA, José Hermano – *História Concisa de Portugal*, 25.ª Edição, Publicações Europa-América, Mem Martins, 2011.

SARMENTO, Joaquim Miranda – *A Nova Lei de Enquadramento Orçamental,* Cadernos IDEFF, n.º 20, Almedina, Coimbra, 2016.

– *Administração Tributária e a utilização de serviços eletrónicos: e situação a nível europeu*, in Revista do Sindicato dos Trabalhadores dos Impostos, Lisboa, 2016.

– *Manual de Finanças Públicas e de Contas Nacionais no Setor das Administrações Públicas – O processo Europeu e o Cálculo do Défice e da Dívida Pública,* Almedina, Coimbra, 2017.

SARMENTO, Joaquim Miranda/MARQUES, Paulo/ARNALDO, Afonso – *A (extra)fiscalidade no banco dos réus: Uma perspectiva financeira e jurídica em ordem ao crescimento sustentável*, in Revista Portuguesa de Contabilidade, Vol. 6, n.º 24, Porto, 2016.

SARMENTO, Joaquim Miranda/NUNES, Ricardo/PINTO, Marta Morais – *Manual Teórico-Prático de IRC*, Almedina, Coimbra, 2021.

SEGUNDO, Hugo de Brito Machado – *Manual de Direito Tributário*, 10.ª Edição Revista, Actualizada e Ampliada, Atlas, S. Paulo, 2018.

SILVA, Frederico Rodrigues – *Meio ambiente e Constituição – Entre o dever fundamental de protecção e a proibição de retrocesso ambiental,*

A Constituição no Limiar do Século XXI, Coord. Jorge Miranda, AAFDL, Lisboa, 2016.

SILVA, Germano Marques da – *Introdução ao Estudo do Direito*, 2.ª Edição, Universidade Católica Editora, Lisboa, 2007.

– *Direito Penal Tributário*, Universidade Católica Editora, Lisboa, 2009.

SILVA, Hugo Flores da – *Privatização do Sistema de Gestão Fiscal*, Coimbra Editora, Coimbra, 2014.

SOUSA, Marcelo Rebelo de/MATOS, André Salgado de – *Direito Administrativo Geral, Tomo I, Introdução e princípios fundamentais*, 2.ª Edição, Dom Quixote, Lisboa, 2006.

TEIXEIRA, António Braz – *Princípios de Direito Fiscal – Vol. I*, 3.ª Edição, Almedina, Coimbra, 1990.

TELES, Sofia Galvão – *A extrafiscalidade na Constituição da República Portuguesa de 1976*, Da Extrafiscalidade, Coord. Manuel Pires, Universidade Lusíada Editora, Lisboa, 2011.

TORRES, Ricardo Lobo – *Curso de Direito Financeiro e Tributário*, Renovar, Rio de Janeiro, 2001.

VASQUES, Sérgio – *O Princípio da Equivalência como Critério de Igualdade Tributária*, Teses, Almedina, Coimbra, 2008.

– *Manual de Direito Fiscal*, Almedina, Coimbra, 2015.

XAVIER, António Bernardo A. da Gama Lobo – *Enquadramento Orçamental em Portugal: Alguns problemas*, in Revista de Direito e Economia, n.ºs 1-2, Ano IX, Coimbra, Janeiro-Dezembro 198.

XAVIER, Alberto – *Conceito e Natureza do Acto Tributário*, Almedina, Coimbra, 1972.

ÍNDICE